お金の話

これからを生きるための無敵の

ひろゆき
（西村博之）

興陽館

これからを生きるための無敵の
お金の話

はじめに　なぜ、あなたはもっとお金が欲しいのか？

「お金」って皆さん関心ありますよね。

書店では「お金」を扱った本が山積みになっています。
ウェブでもお金のトピックにアクセスが集中し、新聞や雑誌もお金の記事であふれています。

やっぱり皆さん「お金の話」にとても興味があるんだと思います。

お金があれば好きなものが買える。
好きな場所にも行ける。
いろいろなことができる。

お金があれば、幸せになれるような気もする。

でも本当にそうなんでしょうか。

この本では**お金について僕が日頃考えていること**を、お話ししていこうと思いますが、そのまえに、僕のことを知らない人もいると思うので、簡単な自己紹介をします。

こんにちは。「ひろゆき」こと、西村博之と申します。

僕は、これまでネット掲示板「2ちゃんねる」の管理人をやったり、ドワンゴで「ニコニコ動画」を作ったりしてきました。今は英語圏最大の掲示板「4chan」の管理人をやったりしています。

もともと僕はお金をほとんど使わない生活をしていました。家が貧乏だと思っていたので、お金を使うという習慣がありませんでした。学生時代は1カ月5万円で過ごしていました。

そのあと、2ちゃんねるを開設してから広告収入などで、たくさんのお金が入ってきました。
お金のない状態からお金持ちになった状態まで経験して、お金ってなんだろう、と考えるようになりました。

お金ってそもそもなんなのか、なぜ皆さんお金を欲しがっているのか。

皆さん、お金が欲しいですよね？
でも、なぜ自分はお金が欲しいのか、考えたことありますか？
欲しいものを買いたいから？
では、なぜそれが欲しいと思うのでしょうか？
それを手に入れたとき、うれしい気持ちになるから？
では、なぜうれしい気持ちになるのでしょうか？

お金が欲しい理由は人それぞれですが、ひとつはっきりしているのは、**お金がなくなったら怖いから、です。**

「老後のための蓄え」って言いますが、それは働けなくなって引退したあとにお金がないと困る……家賃が払えないし、ご飯も食べられなくなる……そう思うから、蓄えたいわけですよね。

では、もし仮に「一生お金はもらえますよ」ってなったら、どうでしょうか？

東京の、たとえば六本木や恵比寿といった、家賃の高いところじゃなければ、ふつうに家を借りて、ご飯を食べられるくらいのお金は永遠にもらえますよ、となったときに、そこまで貯金する必要があると思いますか？

そこまでお金が欲しくなると思いますか？

つまり、皆さんが本当に欲しいのは、「お金」じゃなくて、「安心」なんじゃないでしょうか。**安心……つまり「不安を感じない状態」が欲しいんです。**

であれば、「不安を感じない状態」が実現すれば、お金は欲しくなくなるのではないでしょうか？

あるいは、こうとも言えます。

お金がなくても不安を感じない状態にすればいい。

皆さんは今、とりあえず銀行に貯金したりしていますよね。それはつまり、将来に不安があるからです。

給料は増えるかどうかわからない、仕事も首になるかもしれない、年金ももらえないかもしれない——お金がなくなることへの「不安」がたくさんあるわけです。収入が途切れたら、生きていけないじゃないか。

それで、お金を貯めることに四苦八苦するわけですが、でも「とりあえず生活に困りませんよ」ってなったら、そういう不安から解放されると思いませんか？

そもそもお金を稼ぐには、自分の時間をかなり使わなくてはなりません。

そして、大きな金額を稼げる仕事ほど、プレッシャーやストレスが伴ってきますよね。外資系企業に勤めていたり年俸制だったりすると、来年も大きな金額を稼げるかどうかわからない。
お金はたくさんあるけれども不安だらけ、という人もたくさんいるわけです。

お金がたくさんあると、今度はそれを失うことが怖くなってきます。
それって本当に幸せなんでしょうか。

どうしたら幸せになれるのか？　どうしたら不安から解放されるのか？
そのために、お金とどう付き合っていけばいいのか？

お金は、生きていく上で必要です。
ご飯を食べていかなきゃいけないし、寝る部屋も必要です。
ただし、お金があるからといって、幸せになれるわけではありません。

ではお金っていったいなんなのか？
お金はこれからの世の中でどう変わっていくのか？

お金で買えるものと買えないものってなんなのか？
これからの時代、どんなことをすればお金を稼げるのか？
お金って、本当に必要なのはどのくらいなのか？
お金の不安から解放されて、毎日楽しく生きるためには、何が必要なのか？
僕がお金について考えていることを、これからお話ししていこうと思います。

これからを生きるための無敵のお金の話　目次

第4章　これからのお金はこう稼ごう　181

第1章

お金の不安が解消されるには

なぜ格差は広がるのか？

僕は近い未来、日本で暴動が起きる気がしています。お金を持っている人とお金を持っていない人の格差が広がっているからです。

その格差は今後も拡大し続けることがほぼ確実視され、若い人たちがいつまでたっても報われない社会が出来上がってしまったからです。

今の社会は、大雑把に言うと、誰にでもできる仕事をしている人80％に対して、その人にしかできないような仕事をしている人が20％いる――そういう感じだと思います。

そして、その20％の優秀な人たちの仕事量がどんどん増えていっています。両者の年収はどんどん開いていき、**優秀な20％の人たちが年収1000万円で、そうじゃないふつうの人たちは年収100万円という時代が、すぐそこまで迫っています。**

たとえば、何かメディアを作ろうと思った場合、昔だったら、まず編集部を作って、ライター募集の広告をアルバイト求人雑誌に出して、応募してきた30人くらいを面接するわけです。一人20分話しても、それだけで10時間かかります。そこからライターさんに指示を出して、書いてもらった原稿を見て、ペンで直して、ファックスで送って……というように、ものすごい手間がかかっていたんです。一人ですべてをこなすのは無理です。

でも今は、これらすべての工程がオンラインでできます。「このテーマで書いてください」「こんな感じです」で済むわけです。

つまり、たった一人でライターさんを30人も50人も扱えるようになった。そうした場合、当然ながら管理者の給与は昔より良くなります。編集部、いらないわけですから。

今注目されているＡＩを使って、採用するライターさんの判別も自動で行えるようになれば、一人の管理人が１０００人をコントロールする時代も来ると思います。ＡＩが「こいつＯＫです、こいつダメです」みたいに一瞬で判断してくれたら、相手の履歴書すら見る必要がない。送られてきた原稿の誤字脱字を直す作業も、ＡＩがやってくれるかもしれない。

稼げる一人に対して、誰でもできる仕事をする人が90人とか、99人とかの社会になりつつあって、今後この状況はますますエスカレートしていくでしょう。これを悪化と呼ぶのか進化と呼ぶのか僕にはわかりませんが。

これまで「中流」と呼ばれ、日本人の大部分を占めていた80%のヴォリュームゾーンが、なくなっていくのです。そしてこの流れは、放っておいたら、もう止められない。

優秀な人が、
年収1000万円で、
ふつうの人は、
年収100万円！

日本人の80％のヴォリュームゾーン「中流」が、消滅していきます。

時給100円を奪い合う高齢者と若者

さらに、引退した高齢者が本格的に働き始めたら、もっと悲惨な状況になることが予想されます。

その人たちは年金で生活できるので、それほど稼がなくてもいいわけです。極端に言うと、時給100円でも働いてくれるんです。「暇つぶしで、ボランティア感覚で何かやれればいいや」っていう高齢者が、時給100円で働き始めた場合、現役世代はその時給100円の人たちと戦わなければならなくなります。それで時給100円の仕事を勝ち取ったとしても、1日働いて800円——という時代が、このまま行くと確実に訪れます。

そうなったとき、その若者は、何をすると思いますか？

たぶん泥棒しますよね。

お金を持っていそうな家をガンガン襲うんじゃないでしょうか。今の盗難の逮捕率って20%くらいなので、5回に1回しか捕まらない。1日働いても800円しかもらえないけど、お金持ちの家にうまく入って300万円手に入れたら、ほぼ10年分の年収ですよね。

今もすでに高齢者を狙ったオレオレ詐欺などがありますが、お金持ちの高齢者はこれからますます狙われていくと思います。

社員やアルバイトなど、会社に直接雇われている人は最低賃金で守られていますが、そうじゃない人は、**時給に換算したら200円、300円**というのは、すでに現実に起きていることです。

クラウドワークスなどで仕事を受注しているライターは1記事300円で執筆したりしています。また、たとえ社員であったとしても、サービス残業をしている人や自宅に仕事を持ち帰っている人の時給はかなり低くなっているはずです。

最低賃金というルールも、今後もしかしたら撤廃されるかもしれない。

日本は高齢者のほうが多いですから、高齢者が選挙に行く限り、どうしても高齢者に有利な政策になっていくんです。

そういうわけで、高齢者は今までどおり年金をもらいながら、時給100円のちょっとしたお小遣いももらって幸せ。一方若者は、時給100円で、ダンボールハウスで暮らすことになる。

こんな世の中になることが現実味を帯びてきています。

時給100円を、奪い合う世界。

1日働いて800円という時代がやってきます。

あなたが払ったお金はどこに消えたのか？

勘違いしている人もいると思いますが、日本の政府は、**「若い人たちが幸せになれる社会」**を作ってはくれません。

読者のなかには、もしかして自分が投票したら、若者向けの政策が通ると思っている人もいるんじゃないでしょうか。そんなことはありません。なぜなら高齢者のほうが多いので、今の選挙制度を維持し続ける限り、高齢者に有利な政策は変えられません。

50歳以上の人たち（日本人の有権者の平均年齢は53歳と言われています）が、「投票に行かない」という選択をしない限り、若者がそれを上回る数の投票をすることは原理的に不可能なんです。これはもう、人口統計上の事実です。「若者は2票にする」みたいな構造にしない限り、どうしようもないんです。

なので僕は、選挙自体に期待していません。好き嫌いの問題ではなくて、現行法を維持する限り、選挙で物事を変えられない。

今の若い人たちが働いて納めた税金は、ほとんど**高齢者の医療費**に使われています。

１９６０年代や70年代であれば、働いて払った税金が、高速道路になったり、新幹線になったり、空港になったり、どんどん社会が豊かになる方向に使われていったわけです。だから、ふつうに生きているだけで、どんどん豊かな世の中になっていきました。

でも、今の若者たちが20年間働いて納めた税金のほとんどは、社会のインフラではなく、老人たちの医療費に消えました、**インフラほとんど変わりませんでした、**っていうのが、今起きている現実です。

格差社会をガラガラポン！

フリーライターの赤木智弘さんが10年くらい前に、『「丸山眞男」をひっぱたきたい――31歳、フリーター。希望は、戦争。』って論考を発表して話題になりましたが、それは「どうせこのまま行っても社会は閉塞しているんだから、一発なんか起きたほうが面白いよね」っていう考え方ですね。その行き着く先が、たとえばISISとかの過激派集団に入ろうとする若者たちだったりするんですが、それは極端だとしても、**社会システムというのは1度ガラッと変わったほうが、僕も面白いと思っています。**

ガラガラポンが起きたほうがいい。

今、40代後半から50代の正社員の人たちがいる一方で、若い子たちは非正規が多いわけです。40代前半、30代後半も非正規が多いですよね。就職氷河期で、新卒のときにまともなスタートが切れずに、そのままズルズルと非正規を続けていたり、ニートになったりと、かなり悲惨な状態です。

会社としては、そういう非正規社員に対しては、なるべく非正規で居続けてほしいんです。なぜかというと、正社員にしてしまうと首が切れないから。毎月必ず会社が払わなければいけない「固定費」にしたくないんです。

なぜガラガラポンで社会を1度リセットする必要があるかというと、そういう状況を変えるには、**1回ぶっ壊すしかない**と思っているからです。

壊してしまうと、何年かはバタバタすると思います。でも数年バタバタしたあとに、日本という国は、若い人もきちんと報われるまともな社会になるんじゃないでしょうか。

ではどうやってリセットするのか？

1回ぶっ壊すにしても、あくまで社会の仕組みを変えたいわけなので、暴動などによって、建物や人を攻撃するのはできたら避けたいですよね。

１度、リセット！

システムをガラガラポン！

略奪を悪いとは思わない人たち

僕は今、フランスのパリに住んでいますが、2018年に「黄色いベスト運動」というデモというか暴動が起きました。

権力者に対して不満がある場合、日本だったら「民主主義で投票で決まったんだから、しょうがない、我慢しましょう」ってなるんですけど、フランスはあんまりそうはならない。「おれはこうしたいんだ。そうならないんだったら、嫌がらせしてでもやってやる!」っていうのが許容されている社会です。フランスは、そもそもそうやって変えていこうとする国なんですよね。

もともとヨーロッパ中から悪い人たちが集まる場所なので、何かあるとそれに便乗して犯罪を行う人は必ず出てくるんですよ。日本からしたら珍しいことなんですけど、**「人が集まったら犯罪が起きる」**というのは大陸では当たり前のことなので、今回も「まあそうだよね」っていう感じです。

「考え方が違うな」と思ったのは、**略奪自体を悪いことだとは思っていない**人も結構いるんですよ。デモって、ひたすら騒いでも騒いでるだけで、あまり効果がない。略奪したり火をつけたりする人がいるおかげで、世界中でニュースになって放映されて、「僕らの主張が通った」「略奪も手段としてはありだ」と思っているんです。

お金の不安から解放される具体的な方法

暴動を起こさずに、どうやったらガラガラポンを実現できるのか？　バタバタする期間を最小限に抑えながら、若い人が幸せになれる社会をどうやって実現するのか？

暴力に頼らないガラガラポンの方法として、僕はベーシックインカムが有効だ

と思っています。

毎月無条件に生活費が数万円もらえるという制度ですが、世界的に真面目に検討されています。それくらい、日本に限らず、資本主義の仕組みそのものが世界的に機能しなくなっているわけです。

僕はこのベーシックインカムに、すごく可能性を感じています。その最大のポイントは、それが実現することで、不安から解放されるのではないか、という点です。

ベーシックインカムで毎月無条件にもらえる金額としては、今のところ7万円くらいなら可能だという試算があります。月7万円というのは一見低いですよね。それだけだと、東京では生活できないでしょう。もちろん社会の負担を増やせば、月20万円とかもできるんですが、そうすると反対者が多くなって実現自体が難しくなると思います。最初は7万円くらいで始めて、徐々に様子を見ながら金額を上げていくのが現実的だと思います。

それでも4人家族であれば、毎月28万円ですから、住む場所を選んだりして節約すれば、なんとかなりそうです。

ベーシックインカムで鬱から解放！

先ほども言ったように、40代50代の正社員も、一部の優秀な人を除いて、大部分はいらないんですが、ただ法律上首が切れないから、会社に居続けている。反対に、本来正社員になって能力を発揮するべき20代30代の若い優秀な人たちが社員になれないため、責任のある仕事を任されずに成長できない。そうやってどんどん閉塞していっているのが、今の日本社会です。生産性、上がらないのは当然ですよね。

それだったらいっそ、「自由に首が切れますよ」ということにして、そのかわり首を切られたとしても、生活が困窮しないような仕組みにしてしまえばいいわけです。ベーシックインカムがあれば、収入は直ちにゼロにはなりません。貯金ゼロだと厳しいかもしれませんが、でも働いていれば、ベーシックインカム分を貯金に回せばいいわけなので、会社を辞めても、しばらくは貯金＋ベーシックインカムでなんとかしのげます。

なので「優秀な人はすぐに正社員にします。ただ会社が不要だと思ったら、首にしますよ」ってすればいいんです。「首になっても転職活動ができるだけの時間はありますよ、ベーシックインカムがあれば」。

つまり**ベーシックインカムによって雇用流動性が上がり、それによって日本全体の生産性も上がる。**

企業の側からも、首が切れる、という選択肢が出来ますし、逆に労働者の側からも、ひどい会社だと思えば辞められる。すぐに生活が困窮しないとなれば、とりあえずそこから逃げられる。数カ月ぶらぶらしてもいいわけです。ブラックな労働環境に耐え続けて、鬱になることもなくなります。辞めてしまえばいいんです。ベーシックインカムがあれば、それも可能なんですね。

会社も個人も、お互い不満を抱えながら付き合い続ける、ということがなくなっていくはずです。

雇用から自由になる。

ベーシックインカムとは、毎月無条件に数万円もらえる制度。

ブラック企業、消滅！

最低限生きていけるので、嫌な仕事だったら辞めちゃっていいという判断ができる。これはすごく大きいと思います。

ブラック企業にメンタルまでやられてしまうと、思考停止になってしまって、転職活動とかできないですから。もう何も考えずに、やばいと思ったら、お金のことは考えずに、とりあえずまず辞められる――これが重要です。

そうすると、ブラック企業と呼ばれる、労働者をこき使って、低い時給で無理やり回しているような会社は、自然と淘汰されていくんですよ。

そういう会社や業界が淘汰されない限り、社会は進歩しないと思います。

「安かろう悪かろう」仕事を、なくせ！

これまで「安かろう悪かろう」の物をいっぱい売ることで成立していた業界があるわけですが、でも「安かろう悪かろう」の物って、買った人たちも売った人たちも幸せになれません。

だって「悪かろう」なんですから。働くほど、不幸せになっていたわけです。

じゃあ、なぜそれが成り立っていたかというと、**働く必要がある人たちが仕方なく働いていたから**。だから給料を安く抑えられる。

でも「時給1000円だったら働かない」って皆さんが言い出したら、その会社は成立しないわけです。その会社がなくなって困る人がいるのかっていったら、（経営者以外）たぶんいません。

つまり、**きちんとした給料を払ってくれる会社**だけを残して、それ以外は淘汰されれば、世の中は良くなるのではないか？

「絶対に何がなんでも働かなければ生きていけない世の中」じゃなくなれば、「安かろう悪かろう」の仕事を拒否できるようになるわけです。

やばいと思ったら、辞めてみよう。

「安かろう悪かろう」仕事は拒否しましょう。

ご飯を食べるお金もなくなったなら……

お金のない人は、どんなに安くても働かなきゃいけないから、「安かろう悪かろう」で時給も低いけど働いてしまいます。それはもう仕方がないですよね。だって生きていかなゃいけないんですから。

お金がない人たちは、万引きしたり、それをメルカリで売ったり、お金のために犯罪に走ってしまう。でも本当にお金がなくて、飯も食えなかったら、やっぱり悪いことしちゃいますよ。経済状態と犯罪率は比例するんです。経済が悪くなると、当然犯罪も多くなります。

なので、**食いっぱぐれをなくすこと**がまず必要です。お金がないから悪いことをしてしまう人は、食いっぱぐれなかったら悪いことをしなくていいわけです。

ラーメンが食べたいわけじゃない！

ラーメン屋の一風堂がパリにあるんですが、日本だと1杯８００円くらいですが、パリだと１５００円くらい（12ユーロ）して結構高い。それでも夕食の時間に行くとすごく混んでいます。

なぜなら、食べたいから。

言っておきますが、パリはラーメン屋がすごくたくさんあるんですよ。一風堂の徒歩圏内に20軒くらいあると思います。なので、もっと安いラーメンはあるんです。でも、一風堂のラーメンが食べたいから皆さん１５００円払って食べています。

高いお金を払ってでも、おいしいラーメンを食べたい人たちなんです。

今の飲食業界って時給がめちゃくちゃ低いんですよ。１０００円くらいの時給でものすごく働かされる。そういう低い人件費で、安くてそこそこおいしいものを提供することでチェーン店は成り立っています。でもお店で食べるんだったら、多少高くなりますけど、おいしくて価値のあるものを食べたほうがいいんじゃないでしょうか。

そのほうが提供する側も、お金を払う側も、満足度が高いはずです。

安く作ることを第一にしてしまうと、質の悪いものを混ぜてなんとか成立させるっていう行為が始まってしまいます。それでは提供する側も、消費者も、だんだん疲弊していきます。それよりは、おいしいもので、価値のあるものを作りましょう、という社会にしたほうが、幸せになる人が増えると思います。

誰にお金を払えばいいのか？

人は、基本的に、**自分が必要だと思うもの**にお金を払いますよね。

お米が必要だからお米を買う。宇多田ヒカルや米津玄師や矢沢永吉の音楽が好きで、彼らにずっと曲を出し続けてほしいと思うから、その音源を買う。何か自分が欲しいものに対して対価を払いますよね。

で、払ったお金が相手の人に渡れば、その人はそれで生活ができるので、また新しいものを作ることができる。人が喜んでくれるものを作ることに専念できます。そうすることで皆が幸せになれる。作っている人もそうだし、それを手に入れる人もそうです。

逆に、「あまり欲しくないけれど、安いから……」という理由だけで買ってしまうと、それはそれで、作った相手はまた粗悪品を作り続けてしまうわけです。

そういう意味で、**何に対して、誰に対してお金を払うか？**　というのは非常に重要なことだと思います。「安かろう悪かろう」のものに払ってしまうと、それが成り立つ経済に加担してしまうことになるからです。

本当に価値あるものに、お金を払おう。

「安かろう悪かろう」経済に加担しない。

テレビCMって見ます？

今でもテレビでCMがたくさん流れているわけですが、たとえば19時といったプライムタイムに30秒間のCMを流すのに1000万円、2000万円といったお金がかかるわけです。

これまでだったら、皆さんテレビで情報を得ていたので、それが効果的だったと思います。でも今、果たしてテレビCMって広告効果としてどうなんでしょうか？　お金の使い方として、正しいと思いますか？

それよりは別のかたちの広告があると思います。

たとえば、車椅子って1台20万円ぐらいで買えるわけです。1000万円あれば50台買えます。CMを1回打つよりも、そっちのほうが良くないですか？「冠スポンサーです」って言って、電通やテレビ局にお金を払うんじゃなくて、車椅子が必要な日本中の人に対して、その企業は車椅子を配っている。「車椅子はこの会社が日本中に供給してくれるから、誰も買う必要がありません」というシステムを作ったほうが、その会社の評価は上がると思いますよ。そして、皆さん、その会社の商品を買おうって思うと思うんですよね。

車椅子はあくまで例えで、なんでもいいわけです。社会のどこかに困っている人たちがいて、それを解決するためにお金を使う。その行為自体が広告になるわけです。

そうやって、**脱「安かろう悪かろう」の社会では、広告のあり方も変わってくるはず**です。経済的な見返りを求めない寄付のような行為が、広告として機能していくんだと思います。

世界のお金持ちのお金の使い方とは？

世界のお金持ちのお金の使い方のひとつに、**「寄付」**があります。

日本にはまだ寄付という文化があまり根付いていないのですが、海外――特にアメリカなんかだと、寄付する人をすごく褒める文化があるんです。寄付したら、「すげー」って周りから素直に褒められるわけです。

心理学の実験で、こういう話があります。

Aさんが僕に500円くれます。僕はその500円を自分で使っていい、というパターンと、僕は500円をもらうんですが、その500円は必ず誰かにあげてください、自分で使っちゃいけません、というパターンです。その場合、しょうがないから僕は横にいるBさんにあげるわけです。

①僕が500円をもらって自分で使う
②僕が500円をもらって、誰かにそのままあげる

この2つ、どちらがより幸せを感じるか？　っていう実験です。

どっちだと思いますか？　つまり自分で使う場合と、誰かにあげる場合です。

まあ、こういう言い方をしたら、答えがわかってしまうんですが、答えは②なんですね。誰かにあげるほうが人は幸せを感じてしまう。他人に対して何かしてあげるほうが、人は幸せを感じるらしい。

ホストにお金を貢ぐ人が絶えない理由！

もちろん与えられたほうも幸せなんだけど、与える側も幸せを感じられる。

ホストクラブとかでバカみたいにお金を貢ぐ人がいますよね。あれってどう考えても意味わからないじゃないですか。でもあれがなぜ成立するかというと、そういうことなんです。**ホストにお金を貢ぐほうが幸せだからです。**

ＡＫＢのＣＤを１００万円分くらい買う人もいますよね。お金を払うことで「自分がその人を支えている」「自分の存在はその人にとって意味がある」って感じることに、人は幸せを感じることができる。

「ＣＡＭＰＦＩＲＥ」というクラウドファンディングのサイトがありますよね。

クラウドファンディングで事業やプロジェクトにお金を出す人も、「自分がお金を渡すことで、この人がうまくいくんだ」という実感を得られるんですよね。

人を応援するって、すごく幸福なことなんですよ。

経済学的には、500円もらったほうが自分の可処分所得が増える、自分の財産が増えるほうが幸せであるはずだ、という考え方をするんですが、心理学的には、他人に500円あげたほうが幸せを感じる。

人を応援する人は、幸せになる！

「自分がその人を支えている」って感じることに人は幸せを感じる。

お金のために子供の腕を切る親

このとき、**お金を払う相手先をきちんと選ばないと、逆に世の中を悪くしてしまう**可能性があります。

たとえば、ホームレスがいるとしますよね。

インドなんかには特にいっぱいいるんですけど、見た目が悲惨なホームレスほど貰いが多いんです。たとえば子供のホームレスのほうが大人のホームレスよりいっぱいもらえます。さらに、手や足がないとか、より悲惨であるほうがお金をいっぱいもらえる。

そうすると、貰いを多くするために、子供の腕を切るって親が現れてきてしまうわけです。

腕のない子供のホームレスにお金をあげて、「いいことをしたな」と思って、お金をあげた人は幸せを感じるかもしれませんが、でもその結果、「腕のない子供のほうが儲かる」という事実を作ってしまい、子供の腕を切る親が現れてきてしまう。

ですから僕は、**安易にお金はあげるべきではない**と思っています。

一生懸命働かなくて悲惨な人のほうがお金がもらえる、という世界になっちゃうと、より悲惨なことを目指すという競争が始まってしまいます。それは結果的に世の中を悪くします。

お金は消えていくの？

もちろん、本当に困っている人がいて、「食べ物もありません」という場合、「これ食べなよ」ってあげるのは、いいと思います。

一般的な感覚として、現金ってなかなかあげづらいですよね。何か人にお祝いを送りたいときも、現金は渡しづらい。

お金だと人はあげにくいんだけれども、お金じゃないかたちだったら、やりとりするものって結構あるんです。

タバコを吸う人だとわかると思うんですが、タバコって、「ちょうだい」って言ったら結構もらえるんですよ。僕も「タバコくれ」って言われたらあげますし。コミュニケーションのツールみたいなところがあります。

でもよく考えたら、タバコって今1本25円くらいするんですよ。知らない人から「25円ちょうだい」って言われたらあげないんだけど、「タバコ1本ちょうだい」だと結構あげる。

お金じゃないものにすれば、人はスムーズにあげたりくれたりするようになるんですよね。

これからの世の中は、このような、**ものをやりとりする流れ**が進んでいくと思います。

お金のいらない町がある！

バーニング・マン（Burning Man）ってご存知ですか。ネバダ州という砂漠しかない州の——といってもラスベガスという有名な街がありますが——リノという町から車で1時間くらい北に行ったところにある、何もないただの砂漠なんですけれど、そこに7万人が集まって1週間ダラダラしたあとに、木でできた人の形をした像（The Man）に火をつけて燃やして、「ヒャッハー」って言う、そういうフェスというか、お祭りがあるんです。

この前5年ぶりにそれに行ってきました。今回で3回目になるんですが、そこには電気もないし、水道もない。そして、お金を使うのが禁止なんです。食べ物、水、テントはすべて自分で持ってきてください。物々交換も禁止です。やっていいのは、ギフティングという、人に何かをあげるという行為だけ。これがこのお祭りのテーマになっているんです。

たとえば「のどが渇いたから水ください」って言うと親切な人はくれます。ただ、交換はしちゃいけません。

バーとか服屋さんとか、いろんなお店のようなものがあるんですが、そこへ行くとタダでくれます。

僕が好きなバーというかブリュワリーがあって、そこでは1日にだいたい5種類くらいのビールを配っているんですよ。「ブルーベリーで作ったビール」とか「はちみつで作ったビール」とかを、IDカードを見せて、「これ飲みたい」って言うと注いでくれる。「お金を払え」って言われない。

そういう社会を、7万人で1週間やってみようという空間です。暇な人はアート作品を観たりとか、日本人だとお茶をたてて披露するとか。浜崎健立現代美術館のハマケンさんがやっていたりします。

反資本主義の世界

たとえば、服を配っているところへ行って「この服欲しい」って言うと、「どうぞ」って言われる。酒屋をやっている人のところへ行けば、お酒を出してくれる。フローズンアルコールっていう、砕いた氷にジュースが入っているような甘いお酒ですが、なんでわざわざネバダ州の砂漠の真ん中までお酒を持ってきて、ただで配っているんだ？　って思いますよね。

センターキャンプというところで氷を5ドルで買ってきて――バーニング・マンでは、氷とコーヒーだけは売っています――氷を削って、お酒を入れて配っている。

「なんで?」って聞くと、「人が喜ぶから」ということなんです。その人は何年もバーニング・マンに来て、食べ物をもらったり飲み物をもらったり、いろんなものをもらったから、今度はそれを返そう。その返し方のひとつとして、「僕らはビールを提供している」って言うんですね。

このバーニング・マンが、まさに寄付で成り立っている社会です。このバーニング・マンのような、お金を介在させない、**反資本主義的な価値感が徐々に広がっていく**と思います。

そして、
お金はなくなる。

これから世の中は「ものをやりとり」する方向に向かいます。

世の中を良くするお金

駅前とかで演奏して、**投げ銭**をもらう人もいますよね。そういうお金のあげ方、もらい方は、これからもぜんぜんありです。

音楽の技術で、自分の芸を見せて、その芸が面白いと納得してくれたらお金をください。もっといい芸になればよりお金が増えるかもしれない。そうやって努力したり技術を磨いたりってことに繋がるわけです。

そういうことにお金をあげるのは、社会をより良くする行為だと思います。特にフランスだと、駅のホームや電車の中で、楽器を弾いたり、歌を歌ったりする人たちが結構いるんですが、割と皆さんお金をふつうにあげるんですよね。

これまで投げ銭というのは、ミュージシャンや大道芸人などに対して、路上で物理的に行うしかありませんでしたが、今はウェブ上のコンテンツに対しても、気軽に寄付することができます。

たとえば、note（note.mu）に投稿したクリエイターには、気軽にお金を払うことができます。

寄付ではありませんが、メルカリも、お金を媒介にしてはいますが、基本的には、物と物を交換し合う行為ですよね。自分が不要になったものを売って、そこで得たお金（ポイント）を使って、自分が欲しいものを買っている。個人と個人が、直接送ったり送ってもらったりしているわけです。メルカリという会社は、あくまでそれを仲介しているだけなわけで、起こっていること自体は、**人と人との物々交換**です。

自分が何に対してお金を払うのか？ 損得だけでなく、そのお金の行き先も含めて、総合的に考えていく必要があります。

第2章

僕たちはお金とどうつきあえばいいのか

僕はいかにしてお金持ちになったか？

僕は、子供の頃から、ほとんどお金を使いませんでした。

友達と駄菓子屋に行ったとしても、「お金がないので買わない」ということを当然のように言っていました。

「周りは皆さんお金を持っている」という状況で生活するのがふつうでした。

缶ジュースもこれまでの人生で2、3本買ったぐらいです。

その後「2ちゃんねる」を開設して、広告費などでたくさんのお金が入ってきましたが、僕の生活はそれまでとほとんど変わっていません。

今もお金をほとんど使いません。

ちなみに、僕がなぜ2ちゃんねるやニコニコ動画を作ったかというと、「こういうものを作ったら、人はそれをどう使うんだろうか？」っていうのを見てみたかったからです。

もちろん「こういうものを作りたいんだ！」って思って、いろいろなサービスを作り始める人はたくさんいると思うんですけど、僕の場合は、人がどうやって使うのかを見てみたい、という部分が大きいです。

プログラミング自体は、小学生のときに、ＭＳＸというパソコンを親に買ってもらって、それで友達からプログラムをもらったりして、自分で書いたりするようになった、というのが始まりです。

お金持ちになってわかったこと

自分がお金持ちになって確認できたことは、**「お金を持っても大して人生変わらない」**ということです。実は昔から僕は「お金持ちって、たぶんこういう感じなんだろうな」って想像して知ってはいたんです。

世の中のいろんな商品に値段がついているわけですが、お金があればそれらを買うことができます。でも当然ながら、値段のついてないものは買えません。

値段がついているものだけが買える――お金のできることってそれだけなんです。

この当たり前の事実を、僕は昔から知っていました。

でも自分がお金持ちにならない限り、他の人にそれを言っても説得力がないんです。お金のないやつがひがんでそういうふうに思っているんだろうね、みたいに言われるわけじゃないですか。でも今は、まあまあお金があるので、堂々と言えます。

お金で買えるものでは、大して人生変えられない。

お金持ちになっても不安は消えない

「お金を持っている」と世間的に思われている人でも、生活に不安を抱いていたりするんですよね。「90歳の人が老後を心配している」って麻生大臣も言ってましたが、そういう意味で、お金があることで不安が解消できるかというと、実はできていない人が多い。

お金のない人は、「お金があったら、きっとこうなんだろうな」と思って、「そうなったら、不安がなくなるだろう」って思っていると思うんですが、じゃあお金持ちに聞いてみると、それなりに皆さん将来に不安を感じていたりします。

なので、お金によって不安を取り除けるものではないんじゃないかなあ、と思います。

お金持ちは本当に幸せなのか？

「お金を持っていると、どういう良さがあるのか？」。それをちゃんと説明できるお金持ちの人って、あまりいないんじゃないでしょうか。お金を持ったから幸せになれるの？　って言ったら、なれません。人生が楽しいかどうかに対して、お金の多寡って、あんまり関係ないと思うんです。

結局お金でできることは「この程度だ」って知っているかどうかが、僕は重要だと思っています。

「愛人を作りたいからお金持ちになりたい」って人もいますが、「お金で買った人」というのは、自分もわかっているし、相手もわかっているから、幸せにはなれないと思いますよ。買ったことないからわかりませんが。

幸せは、お金では、買えない。

お金で買えるものは値段のついているものだけ。

お金があって良かったこと

お金があることで、良かったと僕が思うのは、**行動範囲や選択肢が広がったこと**ですね。

たとえば、海外旅行に気軽に行けるようになります。

東京から大阪に初めて行ったときに得られる情報や印象というのがありますよね。東京から大阪に行くのに、だいたい2万円ぐらいかかります。でも5万円払えば、東南アジアに行けるわけです。東南アジアに行ったときに得られる印象や、「人間ってこんなに違うんだ!」という驚きって、大阪以上なわけです。

そういう意味で、「じゃあ5万円払います」と言えるのが、お金があることの良さです。本当にその程度だと思います。

時給2万5千円の稼ぎ方

ただ、これも言っておきたいのですが、旅行会社の5万円の格安パックツアーで旅行するのと、ビジネスクラスに乗って自分でホテルを予約して20万円払うのと、何が違うかっていうと、正直ほとんど変わりませんよ。座席がちょっと大きいとか、それぐらいです。すごく太っているとか、足が長いとかだったら、15万円余計に払ってもいいかもしれませんが、でも飛行機に乗る時間って、アジアだったらせいぜい3、4時間ですよね。「3、4時間狭いところに座って往復するだけで、15万円もらえます」って言われたら、僕は狭いところに座りますよ。何もしないで、時給2万5千円くらいもらえるわけですからね。

払おうと思えば、今はふつうに払えるんですが、でも必要なところにしかお金は使いません。

なぜ宝くじが当たった人は破産するのか？

僕は、無駄なお金は使わない、という自分の感覚がふつうだと思って生きてきたんですが、周囲の人を見ていると、**ほとんどの人がお金を持つと、生活コスト**

を上げ始めるんですね。上げるのが当たり前なんです。

僕が知っているお金持ちの人は、100人くらいいるんですが、そのなかで、お金を手にして生活レベルをほぼ上げなかった人は、ほとんどいません。ふつうの人と同じレベルでお金を使わない人は、本当に数えるほどです。だから人間って、たぶん収入が増えると使っちゃうものなんですよね。

NFL（アメリカのナショナル・フットボール・リーグ）で年間何億円って稼ぐ人たちがいますが、選手をやめた途端に破産する人が多いんです。毎年何億円もある生活を変えられなくて、借金を負っちゃって……という人が結構多い。

あと、宝くじに当たった人の多くが不幸になる、というのも有名な話ですよね。

基本的にほとんどの人は、お金が増えると多く使ってしまいます。で、多く使った結果、それでもその生活を維持できる人のことを「お金持ち」と呼びます。

たとえば起業した会社が成功しました。それで、もともと200万円くらいの年収で暮らしていたのに、年収が1000万円になりました。年収1000万円を毎年維持できるならいいんですが、翌年はまた200万円に戻るのであれば、生活レベルを戻さなきゃいけないですよね。

　下がったときに、生活レベルを下げられる人って、なかなかいない。どうしても上がった生活レベルを落としたくなくなる。

　人間って、そんなもんなんですよ。大多数の人間はそうだと思います。それを解決することは、今の人間には難しいんでしょうか……ちょっとわかりません。

宝くじが、当たった人は、破産する！

基本的にほとんどの人は、お金が増えると多く使ってしまいます。

結婚して、家庭を持つとどうなる？

独身で忙しすぎるために、収入が増えても、使い方が変わらない、という人はいます。20代で年収1０００万円あっても、基本的に1日16時間ぐらい働いているから、家に帰っても寝るだけ、お金を使う暇ありません、みたいな人は結構いると思います。

ＩＴ系の会社の経営者や芸能人なんかはそういうタイプが特に多いですよね。ただそういう人たちも、結婚して、家庭を持つと変わると思います。本人だけじゃなく家族がお金を使うからです。家族には時間がたっぷりあったりしますので。

周りにお金持ちになった人がいたら、ちょっと観察してみてください。

1億円を貯める方法

ちなみに金融資産で1億円持っている人って、日本に２１０万人くらいいるそうです。１００人に２人。だいたい小学校で40人のクラスが１つあったとしたら、そのなかに一人くらいいる、という感じです。

そう考えると日本って意外と豊かですよね。ちなみに世界では３３７１万人いるそうです。

「金融資産１億円」って、公務員や会社員だと、達成するのはなかなか難しいです。

金融資産ということは、マンションなどの不動産は入らないわけです。５０００万円のマンションをローンで買った場合、その５０００万円は金融資産にはなりません。

年収１０００万円の人も、一見お金持ちのようなんですけど、実際は所得税でまず30％ぐらい持っていかれるので、手元に残るのは７００万円くらい。その手元のお金で生活しなければならないわけです。

たとえば家賃20万円のところに住んでいたら、その時点で年間２４０万円出ていって、手元に残るのは４６０万円。そのなかでご飯を食べたり、服を買ったり……ってやるわけです。そうすると、1年間に貯金できる金額は、がんばって300万円くらい。それで1億円貯めるとしたら、30年かかりますよね……結構遠い。

年収2000万円だと、所得税でまず800万円持っていかれて、残り1200万円。そこから家賃を払って……ってやると、1年で800万円貯まります。10年で8000万円。

でもその8000万円で、ふつうマンションを買っちゃうんですよね。

そうすると——20代から働いて30代でマンションを買ったとして——30代から40代で8000万円、50歳くらいでようやく1億円貯まります。毎年800万円ずつ貯金し続けたら、ですよ。

なので、年収2000万円の人が、50歳くらいになって、ようやく金融資産1億円です。

厳密には、運用することで複利というものが加わってくるので、もう少し変わってきます。複利についてはのちほど（第3章で）お話しいたします。

ただ50歳くらいになると、子供が大学に入って、それが私立であれば4年間で仕送りを含めて1000万円コースです。それが2人だと2000万円。そうするとまた1億円貯めるのが遠のきますよね。

そういうわけで、ふつうにサラリーマンや公務員をやっていて、お金を貯めるのは大変なんです。

さっき年収1000万円の人が、1年間に300万円くらい貯金できるという話をしましたが、それがもし夫婦共働きで、2人で節約しながら年間で600万円貯めるとすると、10年で6000万円、20年で1億2000万円貯まるんです。

ですから生活レベルを上げない、そして共働き、というところが、金融資産を作る上で有利だということはおわかりになると思います。

金融資産1億円は、100人に2人。

公務員や会社員だと達成するのは難しいです。

やっぱりお金持ちはトクしている？

資産ができると、その資産がお金を生みます。

何年か前に、フランスの経済学者トマ・ピケティが『21世紀の資本』という分厚い本を書いて、世界中でベストセラーになりました。あそこで言われていたのは、こういうことです。

国の経済成長率というのがあります。その国で生活するふつうの人は、国が成長するに従って、だんだん豊かになっていきます。

たとえば100年前に比べて、日本人は豊かになっていますよね。テレビもエアコンも車も今はありますから。ただこの20年間は、ほとんど豊かになっていませんけれども。

ピケティが言っていたのは、**そうやって国がちょっとずつ成長する速度よりも、お金持ちがガンガンお金持ちになる速度のほうが速い、**ということです。

貧乏な人が働いてちょっとずつ豊かになっていくスピードより、お金持ちのお金が増えていくスピードのほうが速いので、どうあがいても勝てませんよ、ということを証明したんです。

仮説では、皆さんなんとなくわかっていたんです。**「お金持ちのほうが得しているよね」**って。でもそれをはっきり証明してしまったのがピケティです。

お金持ちはどんどんお金持ちになる！

アメリカにはロビイストという職業があって、要は、ある組織を儲けさせるために「こういう法案を通したら、あなたは得をしますよ」と言って政治家を説得する仕事です。

たとえば、僕がIT業界で働いているとします。「出会い系サイト、超儲かるじゃん」って思ったとき、でもそこには「出会い系規制法」みたいなものがあったとします。「もしその出会い系規制法がなくなったら、年間100億円くらい儲かるな」ってわかったら、ロビイストに50億円払うんです。そうすると、ロビイストが政治家一人一人を説得して、出会い系規制法をなくしてくれるんですよ。すると僕は、毎年１００億円の利益を得ることができる。

そういう仕組みがアメリカにはあります。なので、**お金持ちはどんどんお金持ちになる**んですね。

これからお金持ちの数は減っていく

「ルールを決めるのはお金持ちだから、ベーシックインカムは実現しない」って意見もありますけど、僕はむしろ反対だと思っています。なぜなら、**お金持ちになる人の数は、これからどんどん減っていく**からです。

これまでの社会であれば、会社が儲かった場合、そこには営業の人がいて、経理の人がいて、管理職の人がいて、という感じで、抱えている人間がたくさんいて、そういう人たちの給料がふつうに増えて、ボーナスが増えていったわけです。

でも今のＩＴの会社であれば、必ずしもそうはならない。

たとえば、僕がすごく儲かる事業を始めたとします。経理は、経理代行会社にお願いして、営業も営業代行の会社にお願いして、という感じで、儲けたお金は散っていかない。他の人たちは通常業務をこなしているだけなので、特に給料は増えない。僕一人が儲かっていくだけです。

これからますますその傾向に拍車がかかっていくはずです。**突出したお金持ちが少数生まれて、他の人たちはそんなに儲からない**――そういう構造を、インターネットとグローバリズムのせいで作りやすくなってしまった。

そういうわけで、お金持ちとそれ以外の人の割合はどんどん変わっていって、貧乏人が大多数の世界になっていきます。貧乏人が9割になったら、貧乏人が得する政策を言い出した政党が選挙に勝つようになります。

ですから、貧乏人が増えれば増えるほど、ベーシックインカムが実現する可能性は高くなると思っています。

資産を作る確実な方法

お金を貯めるにはどうすればいいのか。

資産を作るには、お金を使わないで貯めることが一番大切です。

金融資産が少ない人は運用に頭と時間を使うだけ損だと思います。仮に資産100万円の人が利回り1％の運用をしたとしても、一年間でたった1万円増えるだけです。100万円を1％増やして1万円を得るよりも、1万円使わないほうが楽だと思うんですよね。なので、資産を増やしたいのであれば使わない、って方向にシフトしたほうがよっぽど貯まるんじゃないかと思うんですけど。1億円の資産の人が1％増えたら100万円なので、それだったら時間を費やしても意味があると思います。

僕が今、お金も能力もなくて、短期間で一生分稼ぎたいと思ったら、消費者金融でお金を借りて、FXでワンチャン狙います。ただあまりお勧めはしないです。でも本当に自分にまったく能力がないと思っているのであれば……たとえば60

歳まで働いても、月給20万円が続く、みたいなことになるのであれば、だったらワンチャン狙ったほうがまだマシ、っていうだけの話です。

ふつうの人だったら、自分の能力に投資すればスキルが上がるはずなので、そっちを伸ばしていったほうが確実です。

ちなみに1億円を運用する場合、僕だったらふつうに銀行に預けますね。今はユーロの定期預金に入れています。

株を買うと、株価を気にしなければいけないので、それが面倒臭い。まあ、その人の生活にもよると思うんですけど。

資産を作る、
一番の方法は、
お金を使わないこと。

運用に頭と時間を使うのは損。

グーグル、アップル、フェイスブック、アマゾンはどうなる？

アメリカのIT大手の株価は、ここ20年くらいすごく伸びましたよね。アマゾンはこの20年で株価は500倍になりました。20年前に10万円投資していれば、今5000万円になっていたわけです。

Google、Apple、Facebook、Amazon。この4つの企業（GAFA）のこれからですが、グーグルはツールを作っているので、まだ伸びる可能性はあります。アマゾンも同じです。でもソーシャルゲームとかコンテンツを作ってる会社は、そのゲームの流行が終わるといきなり売り上げがなくなったりします。**ツールは生活スタイルが変わらない限り、ずっと利用者が居続けるので安定したビジネスモデル**になります。

特にフェイスブックはソフトウェアの会社なので、ちょっとわかりません。日本だと実感がないかもしれませんが、フェイスブックは今世界でユーザーが減り始めていて、インスタグラムに流れたりとかスナップチャットに流れたりとかしています。

インスタグラム自体もフェイスブックがやっているので、フェイスブック全体としてはうまく隠せているんですが、流行は必ず訪れるものなので、フェイスブック自体は流行遅れになる可能性はあると思います。

アップルも微妙です。携帯がツール化するとグーグルが優秀すぎるので、中国の携帯会社も割と伸びてきているので、アップルがそこまで独自性を持ってやれる部分は、だんだん縮小していきます。長期的に株価が上がるかというと厳しいんじゃないでしょうか。

ただちょっと落とし穴もありそうな気がしています。

EUがそうしたアメリカのテクノロジー企業に対して、法律的にお金を取ろうということを始めようとしているんですよね。アメリカの会社にばっかり売り上げが行って、ヨーロッパにお金が落ちてこないので……。そうなってくると、今までのような利益の上げ方はしづらくなるわけです。

グローバル企業は、税率の低い国にお金が落ちるようにして、そこで配当を行うかたちで株価が形成されていたんですけど、そこの配当原資がなくなると、その分株価も下がってしまいます。

税率のいい国でおいしいことをするって行為ができなくなると、全体的に株価が下がる可能性はあるので、そういう意味では、GAFAがこれからも上がるとは言えない状況かなと思います。

何に投資すればいい？

そういうわけで、株式で運用するのであれば、とりあえず**アメリカのインデックスファンドを買う**のが安全なんじゃないでしょうか。

情報とお金を持っている人たちが切磋琢磨しているところに、素人が行っても得することはありません。だったら、アメリカが経済成長すると必ず伸びていくというインデックスファンドにお金を入れておいたほうが、まだマシという気はします。

ただ、アメリカがどうなるか、最近ちょっとわからなくなってきたので、あんまり手放しで勧められる状態ではないです。

バブルというほど無理な株価の上がり方をしているわけではないのですが、先進国が利益を上げるということ自体が結構難しい状況になっています。

米中が冷戦みたいな状況になって、それでもアメリカ経済がぜんぜん大丈夫だっていうのが証明されてからのほうがいい気がします。なので、なけなしの1億円を全額アメリカのインデックスファンドに突っ込む、という時期ではないです、今は。

不動産投資が危険な理由！

日本だと、ある程度お金がある人って、マンションを買おうとするんですよね。「住みたいから欲しい」ならまだいいんですけど、投資で利回りを求めて、日本の土地なりマンションなりを買うのって、リスクが高い。大都市以外は地価が下落していますので。

たまたますごくいい物件が、いい条件で見つかった、というのであれば別ですけど、平均的には必ず失敗するという行為です。宝くじと一緒で、たまたま1億円当てた人はいるかもしれないけど、基本的には皆さん買った分損するよという感じだと思います。

隣にやばい人が住んでいたら大変なことになる、というリスクもありますし。


今都内の不動産はかなり高くなってますけど、それが今後も上がり続ける理由ってないですからね。

「不動産バブルは東京オリンピック以降に崩壊する」って皆さん言っているので、実際はたぶん東京オリンピック前に来ると思います。オリンピック以降に下がるってわかっていたら、その前に売ろうとしますよね。

おそらくガクッと下がったときにダダダッて売られて、それでドーンと下がるという状況かなと予想しています。消費税増税後が怪しいんじゃないでしょうか。

マンション投資は、
しない。

不動産バブルはどこかで崩壊します。

お金はいくらあれば、安心できるの？

そもそも、いくらあったら安心、という考え方だと相当きつくなってくる気がします。

1年で200万円ずつ貯めても、50年かかってやっと1億円です。20歳から70歳まで働いて、ようやく1億円……。1億円の金融資産で年間2％運用しても200万円。

だったら、生活保護で年間200万円もらうのと同じことですよね。20歳から生活保護を取っちゃったほうが、よっぽど人生楽しく暮らせると思いますよ。

ただ毎年200万円で暮らせるかっていうと、結構生活きついよね？　っていう話になると思うので、そうすると、年取って50歳60歳で、年収600万円くらい必要だとすると、金融資産だったら3億円必要になるんですよね。

3億円の金融資産があるって、日本では相当お金持ちの部類なんですけど、そこまでいかないと不安がなくならないっていうのであれば、一般の人が働いて手に入るようなレベルの話ではないですよね。生涯賃金が2億8000万円くらいなので、それをそのまま全額貯金してもぎりぎり足りないみたいな話です。

そもそも、今安定して年利2%で運用できる物件って、日本では結構少ないと思いますよ。

年利1%なら確実だとして、年間500万円使うのであれば、金融資産は5億円必要になってきます。ますます現実的ではない……。

だから、「お金を貯めたから安心」みたいな考え方でいても、その安心を得られない人がほとんどなので、むしろ不幸になると思うんですよね。なので、違うかたちで安心するようにしたほうがいいんじゃないかなと思います。

おそらく、1億円あったとしても、がんばって貯めた1億円が徐々に目減りしていくと、余計に不安になると思うんですよ。「50年かけて貯めた1億円が減っていく！」って。それだったら生活保護を受けたほうが、生きている限りお金がもらえるので、よっぽど幸せなんじゃないでしょうか。

お金持ちになって失うもの

お金はないよりはあったほうがいいと思いますが、ただ、そのお金を得るために何を失うのか？　というところまでちゃんと考えているかどうかだと思います。

もちろん仕事が好きで、それをずっとやり続けてお金が増えました、っていう人だったらぜんぜんいいと思うんですが、好きでもない仕事でお金を増やし続けて、でも健康を害するみたいなことだったら、やめたほうがいいんじゃないでしょうか。そこまでしても、大した額じゃないですからね。

やっぱり、お金にこだわらないほうが楽しく暮らせると思いますよ。

お金の価値は昔と比べて下がっている？

お金があったら、欲しいものが買える！　って皆さん思いますよね。でもたとえば**「欲しいものを手に入れたい」という欲望って、埋まらないんですよ。**いい車が欲しいとか、いいマンションが欲しいとか、南青山に住みたいとか（笑）、欲望って満たされることがないので、そこを満たしても次の欲望がやってくるので意味がない。

買い物依存症の人みたいに、永遠に満たされることがないわけです。

たぶん昔だったら、お金があるだけでそこそこ幸せになれたと思いますよ。たとえば洗濯機がない時代なら、洗濯機を買うだけで、すごく生活が楽になったわけですが、今「これを買うと生活が劇的に変わる」みたいなものってないですよね。生活に必要な家電はほぼ皆さん持ってますから。そんなに高くないですし。

そういう意味で、現在は、お金があることで生活が豊かになる部分って、ほとんどない。

だったら、そんなにがんばってお金を稼がなくてもよくない？　って思いませんか？

お金に依存しない。

欲望は満たされません。

生活保護を滑り止めにする

ふつうに働いて仕事が楽しい、という人だったらいいと思いますが、そうじゃなくて、いやいや我慢して仕事をしているんだったら、**自分が楽しいと思える仕事をやるだけやってみて、それでもしダメだったら生活保護を取ればいい。**そう思えれば、不安を感じる条件ってなくなるはずです。得てして人間って、特に日本人はそうなんですけど、不安というストレスに対して弱い生き物なので。

なので、滑り止めとして、生活保護という制度を意識していれば、何をやっても大丈夫！　って思えて、割と面白いことをする人が増えるんじゃないかなと思います。「お金がないからコンビニの店員になりました」みたいな人が世の中にたくさん増えるよりは、チャレンジする人が多いほうがはるかに社会が良くなると思います。

ただ生活保護って、もらっちゃうと働けなくなるので、そういう意味では、ベーシックインカムに移行したほうがいいと思います。

生活保護という、滑り止め！

何をやっても大丈夫だと面白いことをする人が増えます。

ベーシックインカムは現実になる！

僕は、日本ならベーシックインカムが現実になる可能性があると思っています。反対にヨーロッパや中国、アメリカといった「大陸」は厳しいと思います。やっぱり大陸は、他の国の人たちが入り放題なので、ベーシックインカムをやった国に皆さん集まっちゃって、お金取られ放題になって国が回らなくなる可能性が高い。

日本の場合は島国で、移民に対して極端に厳しい、難民認めないみたいな特殊な国なので、日本だったら実現可能なんじゃないでしょうか。かなりレアな条件が揃っているんですよね。

ただベーシックインカムは、ふつうに自民党が法案を通して成立する、という話ではないと思うので、正攻法でいくのはたぶん無理でしょう。

だから、過渡期として生活保護の人が増えまくったほうが、ベーシックインカムに変更するきっかけになりやすいのかなと思うんですよね。
そういうかたちでしか成立しないんだろうなと思います。

第3章

バカなお金の使い方、頭のいいお金の使い方

消費者金融でリボ払いはするな

消費者金融でお金を借りる人は、基本的に皆さんバカだと僕は思っています。

仕事で、どうしても今現金が必要という人ならいいと思いますよ。たとえば、接待の仕事をしていて、支払いにカードが使えないので、どうしても現金が必要になって、そういうわけで消費者金融でちょっと摘みました、で、すぐに返しました。これはまだいいんです。

それは、自分の仕事のために必要な資金を回しているわけなので、「消費者」ではないからです。でも、本当に消費するために消費者金融からお金を借りて、消費している人って、バカですよね。

クレジットカードのリボ払い（分割払い）で払う人も、バカだと思っています。

リボ払いというのは、毎月小さな一定のお金に分割して払っていくやり方ですが、たとえば10万円分の買い物をしたとしますよね。毎月1000円ずつ返しますっていう場合、100カ月間（8年4カ月間）借り続けるわけです。その間ずーっと利子が増えるんですよ。

毎月1000円しか払わなくていいんだと喜んでいても支払いはずっと続く。なので、支払う総額がめちゃくちゃ増えるわけです。

「リボ払いのここがいいんです！」という意見があるなら聞いてみたいです。

消費者金融もリボ払いも借金です。

借金というのは時間がたてばたつほど、返さなければいけないお金が増え続けて損をするものです。借金でストレスがたまり続ける人は多いと思います。

自転車操業でめちゃめちゃ借金を抱えて、計画倒産して逃げる、っていうんだったらわかります。「借金、返さないなら借金じゃない」って理論ですけど、まあ、犯罪ですね。

そうじゃないんだったら、消費者金融もリボ払いもやめたほうがいいと思います。

バカを騙して儲ける人たち

世の中にはバカな人がいっぱいいるので、**バカを騙して稼ぐビジネスモデル**が、本当にたくさんあります。

バカには「バカ」って言ってあげないとわからない。ひどい言い方かもしれませんが、僕は優しさで言っているんです。「バカ」って言われないと気がつかないですから。

「リボ払いしているやつはバカ」って言われて、「え？　俺バカなの？」って気がついたほうが、その人にとっては良いことだと思っています。

バカを騙して儲かる仕事って、世の中を良くしているとは思えないんです。

僕はそういう会社は徐々に減っていくべきだと思っています。

そこで働いている人たちが、もっとまともな、人々が幸せになったりするもの、面白いものを作る会社で能力を発揮してくれたほうがいいと思います。

「バカを騙したほうが楽に儲かる」っていう気持ちもわかりますよ。でもそれって、社会にとってはどうなんでしょうか。

これは単純に好き嫌いの問題なので、「バカを搾取して何が悪いんだ、おれは金持ちになってキャバクラに行きたいんだ」って人も間違ってない。法律上、まったく問題はありません。それは個人の自由ですから。

ただ、そうじゃないほうが社会にとっていいんじゃない？　って思うんですけどね。

もちろん騙される人たちも喜んで騙されているのであれば、それはなんの問題もない社会だと思うんですが、ただ僕は、最大多数の最大幸福みたいなことが良い社会だと思っているので、そうすると、10人のバカを騙して一人が幸せになりました、っていう状態は、最大多数ではないわけですよね。

騙されるな！

何も考えないと搾取されます。

ソシャゲに10万円使う人もバカ

ソシャゲ（オンライン上のソーシャル・ゲーム）のガチャをする人もバカだと思っています。

たとえば、ふつうにゲームしましたとか、アニメ観ましたとか、アイドルのコンサート行きましたとか、それらの娯楽のおかげで、「また月曜からがんばれます！」っていうのは、ぜんぜんいいと思いますよ。娯楽全般を否定するわけではもちろんないです。

でも、「デジタルのガチャで10万円使いました」とか、「CDを100万円分買っちゃいました」って、ちょっとどうかと思いますよ。数千円だったら、娯楽の範囲でいいと思いますが。

ただこれもお金持ちならなんの問題もありません。金融資産が1億円以上ある、みたいな人がいくら使おうが構わないと思います。お金に困ってない人が、無駄遣いする分にはぜんぜんいい。どんなアホなことにお金を使っても許されます。むしろ使ってくれて、経済を回してくれたほうがいい。

でも将来お金に困るかもしれない人が、ソシャゲに10万円使うって「大丈夫？」って思います。

お金の価値は、あなたの年齢で変わる

そもそも、**若いときのお金って、年を取ってからのお金よりも、はるかに価値があるん**です。20歳のときの10万円は、単なる10万円じゃないんですよ。

「複利」という考え方があって、要は、毎年元本に対して利子が加わるわけですが、その元本自体、毎年利子が加わって増えていくので、何十年という時間で見ると、かなり増えていくんですよね。10万円で1％の年利だと、年間の利子は1000円ですが、翌年は10万1000円に対して1％増えるわけなので、1010円増えるわけです。一見大して増えないように思えますが、何十年というスパンで考えると、かなり違ってきます。

複利計算のサイトがあるので、それを見るとすぐに計算できるんですが、たとえば年間1%の利子だとしましょう。元本が10万円で、20歳から60歳までだとして40年。計算するといくらになるでしょう。40年後に10万円が14万8800円になるので、だいたい50%増えるわけです。

仮に年利2%だとすると、10万円が22万円になります。ですから若いうちのお金というのは、老人のお金よりも大事なんです。

日本円だと、今銀行に預けても年利は1%もないですが、他の国の通貨にすれば、ふつうに2%くらいあるわけです。

僕が5年前にユーロで定期預金を作ったときは4%でした。たとえば4%で40年たつと、どうなるかというと、10万円が48万円、5倍ですよ。100万円だったら500万円になるわけです。

逆算すると、もし60歳のときに1億円の資産を形成したかったら、20歳のときに2000万円あったら1億円になるわけです。

だから**若いうちのお金って、すごく大事**なんです。ソシャゲでガンガン使っているる場合ではないと思いますよ。

「複利」でお金は、増える。

若いときのお金は、年を取ったときのお金より価値があります。

〝返ってくる〟お金の使い方をする

若いうちのお金って、単に複利で増やすだけではなくて、たとえば、それを自分の能力に投資することだってできるわけです。たとえば資格を取って、その資格が必要な仕事につくことで年収自体を増やすとか、専門学校に通って、ある技術を身につけるとか、お金を使うことで**自分を成長させること**ができるわけです。それは将来の収入を増やすことに繋がります。

資格以外にも、たとえば、写真が好きなので、カメラを買って、他の人が撮れないような写真をインスタグラムにアップし続けていたら、いつの間にかそれが仕事になっていた、とか。僕だったらゲームの記事を書く仕事がたまにあるわけですが、それもゲームをずっとやっているから、そういう依頼が来るわけです。

漫画についてブログで書いているうちに、人気が出て、アフィリエイトで副収入を得られるようになりました、とかもいいですよね。これも漫画というものに時間とお金を投資した結果、収入に繋がったわけじゃないですか。

だから自分がお金を払うことに対して、なんらかのかたちで**返ってくる**ようにしているんだったら、それはいいお金の使い方だと思うんです。「ソシャゲでお金払ってるけど、まとめサイトをやっていて、そこでアフィリエイトで儲かってウハウハです」ってことなら、ぜんぜんいいと思いますよ。

でも、「ただガチャ回して損しました」っていう人は、損しているだけですよね。それがお金持ちの75歳とかならいいですけど――もう複利でそんなに増えないですから――でも若い人がそれをやるのはいかがなものかな、と思っています。

お金は自分に投資する。

返ってくるようにしているんだったら、それはいいお金の使い方。

「お金は使ったほうがいい」に乗せられるな

将来どうなるかわからないんだったら、やっぱりお**金は貯めておいたほうがいい**んじゃないですか？　セーフティーネットを作っておいたほうがいいでしょう。

消費を煽ったほうが経済は良くなるので、そういう意味では煽りたい人たちが正しいと思いますが、それに乗っかってお金を使う人はバカだと思います。ビジネスをやっている人は、「皆さんお金使ったほうがいいよ」って言いますよ。だって自分の商品を買ってほしいわけだから。でもふつうの人は、お金は使ったら減るだけです。

本当に必要なものにお金が使えなくなったとき、そういう人たちはどうするんでしょうか？　怪我したときに医療費払えませんってなったら困りますよね。

昔『シッコ』というマイケル・ムーアが監督した医療ドキュメンタリー映画が

ありましたが、それを観ると、アメリカには公的な医療保険がなかったことがわかります。オバマさんのおかげでできたんですけど。ですから、骨が折れてもお金がなくて病院に行けなくて、変な骨のくっつき方をしているおっさんが、その映画に出てきたりするわけです。

日本でも「怪我しました。でも医療費3割負担なので、1万円くらい取られるから、それだったら行かねえや」みたいな人が、これから増えてくるかもしれません。歯が痛いのに、「お金がかかるから治しません」とか。そういう人はより不幸になっていくわけです。

失業したり、子供が生まれたり、本当にお金が必要なときにお金がないと悲惨です。

年金は本当にもらえるのか？

ちなみに僕は年金は払っています。将来もらえるかどうかはわかりません。たぶんしれっとなくなる気がします。

じゃあなぜ払っているかというと、**何か大きな怪我をした場合、払っていなければ障害年金がもらえなくなるから**です。

たとえば、事故に遭って親指を失うとするじゃないですか。そうすると障害者5級になって、月に10万円くらいもらえます。さらにすべての医療費が、そのあとは無料になります。

でも年金を払っていないと、この「月10万円もらえて、すべての医療費がタダになる」という権利を失ってしまうんです。

親指がなくなったり、足がなくなったりしたら、生活、すごく困りますよね。そういうときに、お金がもらえなくなると困ると思います。だから年金は払っておいたほうがいいと思います。

年金は、払う！

年金を払わないと「月10万円もらえて、すべての医療費がタダになる」という権利を失います。

生命保険に入ってはいけない理由

逆に僕は生命保険には入っていません。**なぜなら、生命保険会社を信用していないから。**

生命保険に加入している人は、「病気になりました」とか「事故に遭いました」という場合、生命保険会社にお金を請求しますよね。でも「請求しても支払われない」場合があって、それでよく揉めて、裁判をやっているんです。

「請求しても支払われない」という揉め事が起きたことのない生命保険会社って、僕が知る限りないです。どんな生命保険会社も揉めてます。

たとえば、がん保険に入っていて、「がんになりました」って申告したら、生命保険会社は、その診断書をよく見て、「これは悪性新腫瘍であって、がんではありません」って言ったりするんです。悪性新腫瘍もがんも、ほとんど変わらないんですよ。

要は、人間の中に、もともとの遺伝子とはぜんぜん違う遺伝子の細胞が増殖し始めて、内臓が機能しなくなって死ぬ、っていうことなので、がんとまったく一緒なんですが、ただ医学的には「それは悪性新腫瘍で、がんではありません」みたいに言われて、お金が支払われなかったりする。

でも加入者が裁判をやっても、まず勝ち目はありません。

生命保険会社は法務部にめちゃくちゃお金をかけているので、向こうはいろんな資料を集めてきます。裁判の費用だけで年間1000万円くらいかかって、それが4年5年って続くと、もうがんの人、死んでますよね。そうするとその裁判は無効になるんです。だってもう死んでるんですから、保険金を支払いようがない。ということで、生命保険会社の勝ちなんです。

生命保険会社も利益を出すためにやってるわけだから、それは営利企業としては正しい。いかにお金を集めて、そこからいかにお金を払わずにいられるか、というのが生命保険会社の本質です。

もちろん働いている人のなかには、「事故や病気になって、困っている加入者を助けたい」という、まともな考えでやっている人もいると思いますが、会社の構造がそうなっているので、これはもう仕方がない。そうじゃないと、生命保険会社は儲かりませんので。

生命保険会社が破綻する場合は、だいたい投資に失敗したというパターンです。バブルの時代に、よくわからない土地などに投資して損しましたとか、焦げつきましたとか。「加入者にいっぱいお金を支払ったから、うちの経営回らなくなりました」って言って潰れた生命保険会社は、僕が知る限り1社もありません。そんな生命保険会社があったのなら、「僕もそこに入っておけば良かったな」って思うと思います。

宝くじはバカが払う罰金

生命保険に入るくらいなら、自分で貯金していたほうがマシだと思います。

原理的には、宝くじと一緒です。

宝くじって、控除率が50％なんです。宝くじで当選した人に支払われる金額は、売り上げの半分です。つまり、宝くじを買えば買うほど、半分損するようになってます。

たまたま1枚だけ買ったら1億円当たった、みたいな運のいい人のパターンもありますが、でもそれはめちゃくちゃ低い確率です。基本的には、買い続けた人は、必ずお金は半分になっていきます。

僕の好きな言葉で、**「税金は儲けた人に対する罰金、宝くじはバカに対する罰金」**っていうのがあります。

世の中ではあまり言われないと思うんですけど、宝くじを買う人って、総じてバカです。とはいえ、うちの家族も買ってたりするんですけどね。

競馬もそうですね。賭け事は、基本的に胴元が儲かるようになっています。

ギャンブルって、バカからお金を巻き上げるための仕組みなんですね。

バカはお金を、ムダに使う。

税金は儲けた人に対する罰金、宝くじはバカに対する罰金。

お金がないと休日が過ごせないバカ

バカな人たちは、休日にお金を使いたがります。

たとえば、急に1日休みができたときに、何をしていいかわからないという人が世の中にいるんですね。

ふつうだったら、「やったー、この前買ったあの本が読める」とか、「観たかったあの映画を観に行こう」とか、「ゲームしよう」とか、「時間ができた、やったー」ってなる人のほうが多いと思うんですが、「あれしよう、これしよう」を思いつかない、要は「趣味がない人」が世の中に一定数います。

空いた時間というのが、自分にとって「幸せな時間」ではなくて、「埋めなければならない時間」だと考えてしまう人たちです。

そういう人はだいたい、時間を埋めるためにお金を使いたがります。

楽しむことに常にお金がかかる人というのは、休日がある限り、お金をずっと払い続ける人生なわけです。

カラオケだったり買い物だったり、「やりたい！」ではなく、暇でやることがないから、「買い物にでも行こうか」とか、「カラオケにでも行こうか」とかになってしまう。趣味がない人にとって、休みの時間って、日頃のストレスを解消するための時間で、その時間にはお金がかかる。そういう人はお金が貯まりません。

消費をするだけの人は、一生幸せになれない。

なぜなら、幸せを感じ続けるために、ずっとお金を使い続けなくてはならないから。

ストレス解消に、お金を使わない

休日を過ごすのにお金が必要という人は、それがストレス解消なんだと思います。自分を気持ち良くしてくれる物やサービスにお金を使いたいわけです。

でもそれって、日頃ストレスがあるから、休みの日にストレスを解消しなきゃいけなくなるわけですよね。もともとストレスのない毎日であれば、ストレスを解消する必要もなくなるはずです。お金も払わなくて済みます。

じゃあ、どうしたらストレスがなくなるかというと、結局そのストレスって、仕事ですよね。**仕事がストレスじゃなければ、休日に気晴らしをする必要もなくなる**んですよ。

むしろ休日に、もっと生産的な何か、副業みたいなことをしたくなるかもしれない。そうなったら、休みの日にお金を使うんじゃなくて、逆にお金を稼げるわけですよ。

休日の過ごし方は変わる

これまで日本人は、仕事がオンで休日がオフで、仕事はつらいもので、そのストレスを解消するために、休日はお金を使ってストレスを解消する、みたいな人が多かったと思います。仕事で稼いだお金を、休日に消費していたわけですが、そのバランスがだんだん変わってくるはずです。

その意味でも、ベーシックインカムが実現して、本当にストレスを感じている仕事を辞めることができるのが、その第一歩だと思っているんですよね。

人はなぜ働くのか？

そもそも日本って「休むことが良くない」みたいな思い込みが根強いですよね。「家でゴロゴロするのは、悪いことである」みたいな。

でも、たとえば僕が今住んでいるフランスなんて、そういうのはまったくないです。

夏は皆さんバカンスに行くので、だいたい7月8月の2カ月は、お店や役所は、ほとんど機能していません。皆さん3週間くらい休みを取るので、担当者が9月まで帰ってきません、みたいなことはザラなんです。皆さんそれがわかっているから、この期間はまともに仕事をしない。

フランス人って、夏のバカンスのために生きている人が多いんですよ。「バカンスがないんだったら仕事もしない」という感じです。

日本人は、仕事と自分の価値みたいなものをリンクさせる人が多いんですけど、フランスの人たちは、休むのが当たり前。「休んでダラダラするのが僕らの人生なので、それを維持するためにお金が必要だから、仕方なく働いています」って感じです。なので、働くことは基本的に良いことだ、と捉えてない人が多いんですよね。

キリスト教の価値観で、労働というのは基本的には罪を償うためにやる行動で、「労働が尊い」みたいになっている日本的な価値観とは真逆なんです。

働く年数は、フランス35年、日本50年⁉

ちなみにヨーロッパの人たちが生涯で何年くらい働くか、知っていますか？

リタイアするまで何年くらい働くかという統計があるんですが、**フランスは35年**です。

20歳から働き始めて、だいたい55歳くらいで引退します。それから10年くらいは働いて貯めたお金でダラダラして、65歳くらいから年金でウハウハ。ちなみに10年前までは、34年間働けば良かったんですが、この10年間で1年増えたんですよね。だから、皆さん「まじかよ、むかつく！」って言っています。

日本って、年金が今後は70歳からだとしたら、70歳まで働くわけですよね？働き始めるのが、20歳くらいからだとしても、**50年間**。75歳だったら**55年間**……きついですよね、日本。

早くリタイアしたい人たち！

フランス人って、休むだけじゃなくて、**お金持ちも非常に多い。**

たとえばパリでふつうにアパートに住んでいる老人がいて、そのアパートの価値がめちゃくちゃ上がって、資産だけで数億円みたいな人がゴロゴロいるので、働かないのがふつうっていう人たちがいっぱいいなんです。

リタイアすると、「月にだいたい20万30万（円）ぐらい、何もしなくてももらえるのが当たり前」って皆さん思っているので、いかに働かなくて済むような状態になるか？　ってところに主眼を置いている人たちが多い。割と社会主義的な感じがあって、皆さん「働かないというゴール」にさっさと行こうとしています。

そういうわけで、日本みたいに、働くのは良いことで働かないのは良くないこと、みたいな感じにあんまりならない。

人口減少社会でのお金の使い方

日本は今後人口も減ってくるわけですし、経済が悪化していく可能性が高いわけです。

そのときに、仕事しかない人生というのは、結構きつくなってくると思います。働いて稼いで、稼いだお金を休日に消費する、みたいなサイクルでお金を使い続ける人生から逃れられないと、かなり不利な戦いを強いられます。**お金を使わないでも楽しめる趣味が1つでもある人と、1つもない人とでは、ぜんぜん違ってくる**と思います。

たとえば休日が週に2日あるとして、休日を過ごすために1日に1万円使いまって人だったら、それだけで月に8万円飛ぶわけです。年間100万円。それを20年くらいやると2000万円ですよ！

たとえば、「ホテルのナイトプール、面白そうだから1回行ってみたい」というような、体験や知識にお金を使うのはいいと思います。でもそれに何回も行ったとしても、新しく得られる何かはないですよ。1回分の金額に対して得られる幸せや知識は、どんどん減っていきます。そして、当然ながら、お金もどんどん減っていきます。

お金がなくても楽しめる人たち

どうやって楽しく暮らすか？　という心構えが少しあるだけで、割と人は楽しく暮らせたりします。すごいブサイクとかすごい貧乏に生まれたとしても、楽しそうな人っていますよね。

逆にそれなりに美人とか、それなりにお金持ちの家で暮らしているのに、不幸そうな人もいますよね。考え方次第なんです。

幸せを感じるかどうかは、きわめて主観的なもので、お金は基本的に関係ありません。ジンバブエに生まれた人とアメリカに生まれた人で、どれくらい幸せに差があるかというと、ほとんど変わらない。

ジンバブエは貨幣経済が破たんしたアフリカの国です。欧米人が投資をして工場や農園を作っていたのですが、外国人の財産を強制的にはく奪するって法律を作って欧米人の投資家がいなくなり、農園や工場が運営できなくなって経済的に破たんしたので、ジンバブエドルがインフレしまくって、１００兆ジンバブエドル紙幣とか出来たりしました。

生活レベルはアメリカのほうが高いので、幸せ度も連動する気がしますが、別に周りの人も自分と同じような状況なら……たとえば洗濯機持っていないとか、自動車持っていないとか、周りと同じ生活をしているなら、別に不幸を感じないんです。

そもそも江戸時代の人から見たら、今の人たちってものすごく豊かだと思うんですよ。ほとんどユートピアなんですけど、今の僕らにはここがユートピアだと認識できていないので、もっと上を目指そうとしますよね。

たぶん「満たされてるなあ」って大多数の人が思って、ダラダラと暮らすということにはならないんじゃないかなと思います。

お金と時間のある人になる方法

幸せを感じるかどうかは、割と相対的な、周りとの比較で決まってきます。つまり、自分がどう思うかで決まるってことなんです。

お湯に触ると熱いとか、氷に触ると冷たいっていうのは、絶対的なものですよね。本人の主観、関係ないじゃないですか。でも幸せかどうかは、それとは違います。

たとえば年収300万円でも、周りが皆さん年収200万であれば、「給料高いじゃん」って思うわけです。

でも、年収800万円でも、周りが皆さん年収2000万円だと、「うわー金ないわ」って思ってしまう。お金があるかないかって、周りと比較しているだけなんですよ。

そうじゃなくて、自分が幸せに感じるためには何が必要か？　それに対するコストっていくらなの？　ってところで逆算して考えると、実は**「もうそんなに働かなくてもいいよね、おれ」**って人は結構いると思います。

働いていない人、つまりお金と時間がある人って、すごいエリート層の有閑階級だと思ってしまうんですが、**「自分にとってのお金ってここまででいいよね」**っていうのがわかると、もうあとはそれほど働かなくてもいいってなって、お金と時間のある人に結構簡単になれるんですよ。

ただ自分の好きなことに超絶お金がかかる――「車の改造が好きです」みたいな人だと、どうしてもお金が必要になるので、一生懸命お金を稼ぎ続けないといけない。

何をもって自分は幸せを感じるのか？　**自分を嫌いにならないで生きるには何が必要なのか？**　そこがわかっているかどうかが、その人が幸せになれるかどうかのポイントだと思います。

そしてそのとき、お金はどれくらい必要なのか？
そのあたりを知っておくのが、幸せになる近道だと思います。
誰かと比較したら、誰でも不幸になります。

比較しない。

それを知るだけで「お金と時間のある人」になれます。

自分にとっての一番の幸せって何？

自分はどういうときが一番幸せなのか？　って、わからない人も多いんじゃないでしょうか。

子供の頃は、皆さん自然にやっていたと思うんですよ。暇な時間に遊びに行ったり、家で本を読んだり、好きなことをやって時間を過ごしていたと思うんですが、たぶん大人になるとそれができなくなるんです。

もともとは持っていた能力なのに、社会に毒されて、感覚が鈍くなってきてしまった。

まあ、「決めてもらう」って手もあります。「宗教に入る」っていうのは、決めてもらうわけですよね。「あなたはこうしたら幸せですよ」って決めてもらって、そのとおりにしたら幸せだと思い込める。

ちなみに僕が幸せを感じるのは、家でゴロゴロして、引きこもった生活をしているときです。

ゲームをやったり、映画を観たり、本を読んだり、ひとつのことをやり続けるわけでもないので、飽きないんですよね。

幸せとお金を、なるべく、切り離したほうがいい。

「お金を使うことに喜びを感じる人」より幸せを感じやすい。

お金の不安がなくなったら幸せなのか？

お金があれば幸せになれるわけではありませんが、少なくとも不幸の多くは避けられます。

そもそも人が幸せで居続けることって、根本的に無理なんです。人間は構造上、楽しいとか面白いと思うものには必ず飽きるようにできています。

初めてやった、すごく楽しい、でも2回目はそんなに面白くない――感動はどんどん目減りしていきます。

なので、「楽しい」の最大化を目指すより、**不安や不幸をどれだけ減らすか**、という方向で考えたほうが、たぶん人間としては比較的幸せでいられるんじゃないかと思います。

不安やストレスが大量にあったほうが幸せ、という人もたまにいますので、一概には言えませんが。

「人はなぜ生きるのか」、
という問いの答えは、
「死ぬまでにできるだけ、
楽しく幸せに暮らすため」。

楽しく幸せに暮らすことが一番。

お金を使わない力を上げよう

そういうわけで、**お金を使わないで楽しく暮らせる能力**は、すごく重要です。めちゃくちゃお金を儲けてガンガン使うぜ、って人もいますし、それはその人の生き方だからいいと思いますよ。でも僕は今誰に向けて言っているかというと、お金持ちレベルでいうと――1から10まであるとしたら――678910くらいの人に向けて言っています。トップ123くらいの人は好きにすればいいと思います。

毎月ちょこちょこ課金されるものをいっぱい契約している、って人も結構いると思います。「たった月500円だから」って言うんですが、それ何年続けるの？って話です。たとえばニコニコ動画に毎月500円払うとすると、年間6000円。10年で6万円です。

お金がなくても、楽しめる人は無敵！

幸せとお金はなるべく切り離したほうがいい。

家計簿アプリは使うな

家計簿アプリって使ったことありますか?

お金を貯めたいから家計簿をつける、というのが一般的な理由かと思うんですが、これって要は、ダイエットするときに、何を食べたかを記録することと一緒ですよね。そうではなくて「食わなきゃ痩せる」じゃないですか。「何食べたか記録しています」。そうじゃなくて、本当に痩せたいなら食べる量を減らせばいいだけです。

お金を貯めたいのなら、お金を使わなきゃいい。それだけなんです。どれくらい無駄遣いしていいか知りたいって考えている時点で、お金は貯まらないと思いますよ。

生活保護はもらってしまおう

ベーシックインカムで月7、8万円で暮らそうとすると、無駄遣いしたら無理です。

ぎりぎり暮らしていくのに必要な額を知って、こちらの生活自体を設計し直したほうが手っ取り早い。

もし僕の言うとおりになるんだったら、まず働いてない人全員に生活保護を取らせます。働いている人はもらえないので、働いてない人限定です。

生活保護ってものすごくネガティブな印象がありますが、あくまで制度ですから、使える人は使ったほうがいい。「働けないです!」って言い続けていたらもらえます。もらえなかったら裁判を起こせばいい。裁判してもらえなかった人って、僕が知る限りいません。

法律上「出す」と言っているので、お金がない人はもらえるんです。もちろん、手続きに失敗したり、手続きの上で瑕疵《かし》がある人はもらえませんが。

役所としては「あなたは若いんだから働けるでしょ？　働いてくださいよ」って言うと思います。そう言われたら「そうかおれ働けるもんな」って思って、働こうとしてしまう。そこで、「もう無理です」って言い続ければ、もらえます。そういう仕組みなんです。

でも、皆さんやりませんよね。人様に迷惑をかけるのはいかがなものかって考えてしまう。

生活保護のような権利を持っていながら、ちゃんと主張して取ることをしない民族ランキングでは日本人はトップクラスだと思います。

日本人って、民族的に、なんだかわからないものに対する不安に弱い人たちが多いと思います。世間体みたいなものに逆うのが怖い、みたいな。別に何も起こらないんですけど。

ただ、生活保護を受けている人を見ないし、受けたらどうなるかわからないから避けなきゃいけないと思っている。いまだにたまに餓死する人がいるくらいですから。

一生食いっぱぐれない手段

もちろん「人に迷惑をかけたくない」というのは、日本人の美徳だと思います。ただ、受けられるものを受けないという人たちが世の中には多い。自分のプライドを守って、金銭のメリットを得ない。お金をもらうのが恥だと思ってしまうんです。

そのおかげで日本の社会が回っているので、一概にそれが悪いことだとは思わないんですが、ただ僕だったら、お金がなかったらもらうよねって話です。もらう権利があるんですから。

そもそも**権利というのは普遍的なものではなくて、時代によって変わってくるもの**です。

たとえば大正時代には、貧乏人には選挙権はありませんでした。一定以上の税金を納めた男性にしか選挙権はなかった。「税金を納めないやつが国のことを決めるのはおかしいでしょ?」っていうのが、当時の考え方だったわけです。その時代はそういう考え方だったんだけど、今は「日本人だったら、必ず1票をあげましょう」ということになっていますよね。

日本人だったら1票もらえるように、「日本人だったら毎月最低限の生活ができるお金をもらえます」っていうのがベーシックインカムですが、そういう権利がそろそろ登場してもいいと思っています。

競争が激しくて給与も上がらない社会で、がんばり続けて大した財産も築けなくて、ずっと不安を感じるんだったら、一生食いっぱぐれることがないという「生活保護」という手段が目の前にある。それは日本人にしか取れない権利である。そんなにおいしい条件が目の前にあるのに、なんで取らないの? って不思議な気もするんですけども。

最低時給制はいらない

僕は極端な話、最低賃金は時給100円でも構わないと思っているんです。

生活の手段が他に提供されるのであれば、時給はいくらでもいい。生活を安定させる手段を、最低時給に求めるのが良くない。

たとえば、中国で服を作る場合と、茨城県の工場で服を作る場合、できる服の質が変わらないのなら、時給は中国人も日本人も一緒にならざるを得ません。もしそれを続けるのであれば、中国人の時給で働くようにするか、もう日本で服の生産をするのをやめるか、そのどちらかなんです。つまり、失業するか、時給100円で働くか、です。

政治でこれを食い止めることはできません。物の価格を政治家が決められるわけではないので。

そういうわけで、生活を安定させる手段というものは、社会保障として国が用意するべきだと僕は思います。

仕事がなくても生活できるには

たとえば、アニメーターって、時給に換算すると、たぶん300円ぐらいなんですよね。時給というかたちではなくて、セル画を描くための製作費として支払われていて、主に個人事業主との契約という形態を取っているわけですが、そこで「最低時給を守らなければいけません」っていうのを本気で適用させようと思ったら、もう日本でアニメなんて作れないですよ。

それだったら生活を安定させる社会保障を別に受けて、最低時給は安くてもいいんじゃないでしょうか。

お金がなくて食べ物もありません、家賃も払えませんっていう貧乏は、良くないです。それは絶滅させたほうがいいと思います。

そのために最低時給だったり失業保険という仕組みがあるわけですが、でもその仕組みはもう機能しなくなっています。

そうすると、仕事がない状態でも生活できるような仕組みを、別に提供しなければいけません。それがベーシックインカムなんじゃないでしょうか。ベーシックインカムで食費とか家賃など最低限の部分は提供します。どんな状態になっても、寝るところと食べるものは残りますよ。

働いてもぜんぜんお金がもらえないかもしれません。時給100円かもしれません。それでも働きたかったら働いてください。

「時給100円なんて嫌」って言うんだったら、別に働かなくてもいいですよ、という社会のほうが、まともじゃないでしょうか。

住むなら田舎の理由！

僕は、よほどのことがない限り、**都心に住む必要はない**と思っています。まず生活コストを下げられるだけ下げることが重要です。

家賃が高いことによってその人の生産性が上がるかといったら、ほとんど変わらないと思います。たとえば僕が原稿を書くときに、都心のすごく高いホテルに泊まって書くのと、板橋のアパホテルに泊まって書くのと、出来上がる原稿は一緒ですよ。家賃と生産性はリンクしません。ですから僕にとっては、家賃は安ければ安いほど生産性が上がります。

アニメを作るにしても、六本木ヒルズで作ったアニメと、群馬県高崎市で作ったアニメで、何が違うかっていうと、ほぼ変わらないと思いますよ。

であれば、家賃で消えていくお金を生活費に回して、その分、時間をかけて作品を作ったほうが、より良いものができますよね。特に、個人でコンテンツを作る場合はその効果が高い（チームで仕事をする場合は、やはり都心で全員が集まりやすい場所でやるほうがいい場合もありますが）。そしてより良い作品ほど、これからは収益を上げてくれます。

そもそも家賃が高すぎる

社会をうまく回していくためにも、僕は**家賃をもっと下げるべきだ**と思っているんです。家賃が高いことで得をするのは、その土地を持っている人ですよね。

今皆さんは、家にすごいお金を使ってます。ワンルームに住んでいるとだいたい収入の3分の1、少なくとも20％以上は家に払っているんじゃないでしょうか。それって、社会にとってすごく無駄だと思っているんです。

たとえば月給40万円の人が、家賃10万円以上の部屋に住んでいるとしますよね。そうすると、25％は家賃に食われていることになります。

不動産を持っている人が得をして、働いてお金を稼いでいる人の可処分所得を減らすというのは、あまりいいことだとは思えません。ピケティさんの言う**「働かないお金持ちのほうが得する社会」**は、長期的には良くないと僕は思ってます。

たとえば日本は出生率が低いわけです。未婚率が上がっているので、子供も少なくなるのは当然です。ではなぜ結婚する人が減っているかというと、できないからですよね。

その理由として、経済的な部分も大きいわけです。たとえば月に給料が20万円、手取りで18万円だったら、奥さんと子供を入れて3人で生活できないですよ。奥さんが非正規ではなく正社員で、育休ももらえて、半年くらいたったら子供を保育園に入れて職場に復帰、みたいなケースでなければ無理。3人だから、6万円のワンルームとかでは生活できないですし。

10万円の部屋に住んだとして、手取り18万円だと、残り8万円。8万円で、光熱費払って、子供のおむつ買って、大人2人と子供1人が食べていく――これは難しい。

いずれにしても、家賃が下がれば、結婚しやすくなります。実家暮らしだったら、家賃がいらないからなんとかなるかもしれませんが。

安い部屋に住む。

家賃はもっと下げるべきです。

なぜ、一生結婚できない人が増えているのか？

そういうわけで、今はお金を持っている人しか結婚できない状況です。

年収500万円あります、20代です、って人だったら、もう引く手数多だから、さっさと結婚して子供を作るかもしれませんが、平均収入の人は、子供と奥さんを養えるお金がない。

そうやって働き続けて、40歳になったら、少しは給料が増えているかもしれませんが、今度は40歳のおっさんと結婚したくない、40歳のおばさんと結婚したくないって状況になるわけです。

そういうわけでおっさんとおばさんは、そのまま独身として60歳、70歳になって、で、がんになったりするわけです。がんを治す薬オプジーボは、年間1500万円くらいかかるんですが、高額療養費制度の対象になるので、そのお金は国から出るんです。

でもその1500万円を、20代のうちにもらうことができたら……男性と女性で合わせて3000万円になるわけで、それだったら20代か30代で結婚できて、子供を作って、家庭を持てたかもしれない。そのほうが幸せだったんじゃないでしょうか？　幸せかどうかはその人たちの問題なので、どっちでもいいかもしれませんが、少なくとも出生率を上げることには繋がります。

これが、僕がベーシックインカムを進めたい理由です。

20代で1000万円あったら、子供を育てるために数年働かないで、子供を育てるのに特化した生活を夫婦でやって、それで子供が小学校に入ってから、「じゃあ働こうか」ってことができるわけじゃないですか。

「結婚相手は年収600万円」の女性の真意

それから、結婚相手に高い年収を求める必要もなくなってくると思います。生活するお金はふつうにもらえるわけなので、相手の年収にこだわらなくていい。

よく、「結婚相手は年収600万円以上じゃないと嫌です」とか言うわけですが、あれは、本当に年収が高い人と結婚したいというよりは——そういう人も若干いるとは思いますが――要は、生活の不安を感じたくないってことですよね。「子供を育てます」っていうときに、仕事を辞められないとなると、相当きつい。生活不安をいかに減らすか。豪華なものを買いたい、というよりは、ふつうに子どもを育てられるかどうかって話ですよね。

子育てでいったん仕事を辞めました、キャリアが途絶えました、ってなったら、正社員の仕事にはなかなか戻れない。スーパーのレジ打ちとかになってしまう。そうじゃなくて、子供を作っても、今までどおり人並みの生活ができるようにしたい。そう思うと、年収は高いほうがいいよねって考えてしまうわけです。

「年収が高い人と結婚したい」と言う女の人を批判する男性も多いと思いますが、一概にその希望は間違っているとはいえないと思います。だって不安ですから。

愛情があっても、それだけでは生きていけない。すごくいい人なんだけど、働かない旦那さんだと子供を育てられない。それだったら、やっぱり年収が高い男性のほうが……ってなりますよね。それだけの話だと思います。

「安定した生活が欲しい」という言葉の裏返しが、「年収が高い人と結婚したい」になっているだけだと思います。

お金がなくても、結婚できる！

「安定した生活が欲しい」という言葉の裏返しが、「年収の高い人と結婚したい」。

60代の1500万円より、20代の1500万円

その「安定した生活」というのは、国が用意することは可能なんじゃないでしょうか。

だって国は、がんになった人に1500万円払ってくれるわけです。その1500万円を、60歳過ぎて払うんじゃなくて、20代のうちに払ってあげれば、その人は子供を育てられて、その子供が成長して働くようになったら、また税金を納めてくれる——そのほうが絶対いいですよね。

日本が今良くないのは、出生率が低いからです。

出生率は2を切っているんです。出生率が2だった場合、夫婦がそれぞれ一人ずつ子孫を残したことになるので、人口は一緒のままなんですが（正確には2・07と言われていますが）、2を切った場合、当然ながらどんどん減っていきます。日本は2を切ってから長いので、子供はどんどん減り続けていて、その結

果、子供が少なく、老人が多い社会になってしまった。

子供をどうにかして増やして、出生率が2を超えない限り、人口がどんどん減っていきます。

日本がかつて、なぜ景気が良かったかといえば、人口が伸び続けていたからという部分が相当大きいわけです。

働きたい人はガンガン働こう

日本人ってすごくがんばって働きますよね。でも最近、**「働き方改革」**と言って、労働時間を制限し始めたわけです。人口が減少しているにもかかわらず、働ける人の労働時間も減らそうとしている。

日本は、長い労働時間で、たくさん物を作ることで、なんとかなっていた部分があります。

もちろん生産性を上げられるといいんですが、日本は向いてない。

なぜ向いていないかといえば、**日本は結果よりも過程を重視するから**です。生産性を上げる方法と真逆なんですよね。

働きたい人の働く時間まで制限したら、生産されるものは、どんどん減っていきますよね。

働きたくない人を無理やり働かせるのは良くないと思いますが、働きたいって言っている高収入の人は、どんどん働かせたほうがいい。

年収３００万円の人が、１日12時間働くのはおかしいと思いますよ。でも、たとえば電通って年収１０００万円の人たちがいっぱいいるわけです。いいじゃないですか、残業代払わなくて死ぬほど働かせれば。で、辞めたければ辞めればいい。

電通は新入社員が過労自殺したという不幸な事件があったわけですけど、どうしても大勢の人がいたら、不幸な事件は起こります。

そういうことが起こらないようにしたほうがいい、ってことには同意しますが、ただ「めっちゃ働きたいです」「めっちゃ稼ぎたいです」って人が、「はい、これ以上働いちゃいけません、家に帰ってください」って言われて、働き盛りの人生を無駄にするほうが、日本にとって良くないと思いますよ。

日本は、これからますます労働人口が減っていくわけです。その限られた人口の働く時間を減らすのは、首を絞める行為だと思います。

労働人口減少を移民に頼らない解決法

日本はこれから移民を受け入れようとしていますが、そうすると、給料がさらに下がるでしょう。

問題はそれだけではなくて、「新しい技術を生まない」ということもあります。

たとえば人が少ないから移民を雇う、それによってその場では解決できるかもしれません。でも、それがロボットでもできるようにして、そういうかたちでの効率化による生産性向上を目指すほうが、長期的には役立つんですよね。なぜなら、そのロボットの技術を海外に売ることができるからです。

移民を雇ってなんとかなりましたって言っても、数年たったら意味のないものになってしまうわけです。生産性を上げる、という方向で考えると逆方向なので、あまりよろしくないんじゃないかなと思います。

都市の人口が増えないと、未来はない

結婚しやすくなったら出生率も上がるでしょう。そうやって人口が増え続けたほうが、マーケットも大きくなるし、優秀な人が出る確率も上がるし、日本の税収も増えるし、いいこと多いですよね。

地方に行けばいいかもしれませんが、そうすると仕事がない。**仕事は人が多いところに生まれます。**不景気になればなるほど仕事は減っていくので、**よけいに人が多いところに集まる**傾向になります。

反対に景気が良くなると、地方でもそれなりに収入を得られるから、「別に地方でもいいや」って、人はどんどん分散していきます。

ちなみに、田舎がまずあって、そのあとに都会ができたと思っている人が多いんですが、人類は基本的にすべて都市から始まっています。まず都市ができて、その都市の周辺に、村でも生活できる人たちが生まれて広がっていった。

都市のないところから突然、山の中で一人暮らし、みたいなことは発生しません。

基本的には都市に住むほうが効率がいいので、自然と人もお金も都市に集まります。

不景気になるほど、都市の人口は、増える。

都市に住むほうが効率がいいので、自然と人もお金も都市に集まります。

消費税が上がると何が起こるのか？

「消費税を上げれば景気が良くなる」と言う人がたまにいるんですが、僕はそうは思いません。「消費税を2％上げて、景気対策に使える費用にする」と言いますが、だったら消費税、上げなきゃいいじゃん、って思います。その2％分で景気を悪くして、そのあとにお金を入れて景気対策をするんだったら、景気を悪くしなきゃいい。だから僕は2019年に消費税を上げるのには反対です。

ただ、長期的には消費税率を上げることには賛成です。

消費税は正しい税の取り方だと僕は思っています。なぜなら脱税がものすごく難しいから。

たとえば外国人が日本に旅行に来たとき、消費税は払わざるを得ないですよね。あるいは違法なことやっている悪い人たちだって、消費税を払わないと物が買えない。消費税は、ちょろまかすのが非常に難しい。

所得税をちょろまかす人は結構いるんですが、消費税をちょろまかして税逃れするのは、めちゃくちゃ難しい。

なので、構造的には、僕は消費税で税を取るのは悪いことではないと思っています。ただ今の日本で増税するのは、タイミングとしては良くない。


でも消費税は、２０１９年に２％上がることになっています。２％上がるということは、たとえば売り上げが１０００億円で、利益が19億円の会社があったとしたら、20億円分の税金を、追加で払わなきゃいけなくなるので、その会社は赤字に転落するんですよ。

ということが、日本全国の会社で起こるんです。

今利益が出ている会社で、２％以内の利益率の会社が、全部赤字になります。

そして赤字になると、担保を取られたり、株価が下がったり、そういう負の連鎖が起こり始める可能性がある。

黒字の会社だから投資したのに、赤字になったらそりゃ株価下がりますよね。

株が売られると株価は下がりますから、さらに株が売られて……ってなるので、
僕は**消費税増税は、かなり危ない**んじゃないかなと思っています。

消費税は正しい。

ただ、今消費税率を上げるのには反対です。

5000億円の借金がやばい

そもそも今の日本政府は、2020年までのことしか考えていません。それ以降のことはまったく考えない方向にシフトしている気がします。

オリンピックにすごいお金をかけてますよね。スタジアムとか、道路拡張工事とか、結構いろんなものに投資しているんですが、そうすると、建設業界の人たちがすごく儲かって、景気が良くなります。なので、2020年までは、すごく景気がいいように見えるんです。お金が動いているので。

でも**その費用である5000億円って、そのあと日本人が払うこと**になるんですよね。

その借金を返すって部分を見ないで、ひとまず2020年までは、5000億円が税金で降ってくるから、めちゃくちゃ儲かるわけです。

なので、「日本ってうまくいってるね」っていうのが、2020年までの話。

で、そのあとどうするの？　っていうのを、皆さん話さないようにしている気がします。そのあとのプラン、ないですよね。

「２０２０年までは全力を尽くす、そのあとは知らない」っていうのが今の日本政府のスタンスだと思います。

社会にお金を巡らせる２つの方法

「消費税、増税反対！」と言う人の理由としては、貧乏な人も買い物をするたびにいっぱい税金を取られるからつらいよねって話ですよね。でもそれについては、消費税以外の方法で解決すればいいだけです。たとえば**補助金**をあげる、とか。

消費税それ自体が問題ではないのに、大衆には「問題だ」と捉えられちゃうんです。８％の消費税が10％になりました。２％分も価格が上がる！　嫌だ！

でも「その２％は、お金のない人にはちゃんと戻しますよ」とすればいいだけですよね。ちなみに海外だと消費税は10％以上、カリフォルニアだと20％もあります。

所得税の場合だと、お金持ちほどちょろまかしやすいんです。貧乏な人って基本的に雇われの身だから、ちょろまかせない。でも会社を経営していたりすると、「これ経費にしちゃえ」とか、もうひとつ会社を持っている場合なら、「こっちの会社の売り上げにしてしまえ」とか、いろんなやり方をして、儲けの数字を減らすことができる。所得税は儲けに対してかかってきますから、儲けが少なければ、所得税も少なくて済みます。でもサラリーマンのような雇われの身だと、そういうことはできない。

たとえば、年収が300万円くらいだと、可処分所得はだいたい250万円じゃないですか。消費税が2％上がるとしたら、使える額が2％減るわけです。だから、その2％（5万円）を国が全員に補助したら、プラスマイナスゼロですよね。でもそのとき、年収1000万円で可処分所得700万円の人の場合は、5万円戻っても損なんですよ。だって消費税としてもっと払っているわけですから（2％上がると、可処分所得700万円の人だと14万円増えます）。

つまり、補助金は皆さんに一律5万円払うっていうかたちにすると、貧乏な人はプラスマイナスゼロになる。

要するに消費税を上げることで、お金のない人が損をする仕組みは良くないだけで、消費税は上げるけど、お金のない人は困らないように別の仕組みで補助すれば、むしろ税金の取り立てとしては正しいわけです。

じゃあ皆さんに5万円配ればいいじゃん？ って言ってるのがベーシックインカムです。


お金のない人はぜんぜん損しません。ベーシックインカムで戻ってきますから。お金を持っている人は、消費税が高くなるので、よりお金を払うようになります。でもお金をまあまあ持っているんだから、それくらい払っても別に生活が苦しくなるわけではないです。払える人が払えばいい。

というわけで、今の社会にお金を巡らせるのは、**消費税とベーシックインカム**なんじゃないかなと思っています。

第4章

これからのお金はこう稼ごう

確実に収入を上げる方法

働かずに月8万円で生きていけるように生活を変えることも重要ですが、大部分の人は、なんらかの仕事をすることになるでしょう。

では、これからの時代、どんな仕事をすればいいのでしょうか。

経済を上向かせる方法は簡単で、一人一人が経済的な財を作る能力を上げることです。一人一人が**より多く稼げるようにすること**が、もっともいい経済政策なわけです。

それってつまり、**教育**なんです。

その人のスキルが上がれば、生産性は上がり、収益も上がる。至極当たり前な話です。別に僕が新しく言い始めたわけではなくて、皆さんわかっているんですよ。

「経済政策としての教育に意味はない」って言える人を、僕は見たことがない。

シンガポールやスウェーデンなど、教育にきちんとお金をかけている国は、だいたいうまくいっているんですよね。

今の日本も、小学校までは基礎なので、それほど昔と変わらなくていいと思いますけど、中学校・高校になると、無理やり詰め込んで記憶させるって能力は、もはやそんなに必要ないんですよね。でもその能力がある人が、割といい大学に行って、学歴が高いということになり、大学ではほとんど何も学ばないまま卒業するというので、そんなに能力が高くない人が社会に出ちゃう――というのは問題だと思います。

教育を変えていくことで、10年後に働く人たちの能力が上がるわけです。

経済を上向かせるための対症療法というものはありますよ。

たとえば、お金をばらまく。ばらまいたらそのお金は使われますが、でも使ったあとどうするの？　って話です。

円安にすることで輸出が増えますとか、株を買いまくるから株価が上がります、みたいなことは一時的には経済効果があるわけですが、ただそれを50年間やり続けたら、どうなると思いますか？　インフレになりますよね。結局お金が余りましたっていうだけで、経済は良くならない。一時的に上向きにはなっても、それは持続しません。

一人一人の稼げる能力が変わらない状態で、「消費税が上がるよー」「じゃあ今買わなきゃ」という心理を動かす。心理的に人の行動を変えることはできるんですが、でも最終的に一人一人の稼げる能力が変わっていなかったら、稼げる額は一緒です。

経済政策として本当に必要なのは、一人一人の能力を上げましょう、ということに尽きるんです。そのために必要なのは、**教育**です。

教育って別に、大学とか高校だけでやる話ではなくて、プログラマーになりますとか、和菓子を作りますとか、なんでもいい。**ふつうの人とは違った能力を身につける、**ということです。

仕事をして、自分の価値を、上げよう！

「資産（ブランド力）」が増していき、資産がお金を生む仕事をしよう。

プログラマーは1億円稼げる

よく何に投資したらいいですか？　って聞かれますが、**お金は、自分の教育やスキルアップに使うのが一番いい**と思います。20代だったら、**やっぱりプログラマーになるのが、今でも一番おいしいんじゃないでしょうか。**

20代で会社を作って、アプリを作って、それが人気になって、「会社が買われました」「1億円になりました」みたいな話はよく聞きますよね。でもITではない業界で、こういう話を聞くことって滅多にない。たとえば「飲食店を始めました」とかで、「お店が1億円で買収されました」なんて話はほぼ聞かないわけです。

サラリーマンが一生懸命お金を貯めても、1億円ってものすごく遠いわけです。でも、プログラミングを勉強して、IT系の会社を立ち上げて、会社が売れると1億円ゲット、みたいなことはよくある話なんです。たぶん年間100件以上あると思うんですが、別に、企業買収の話って、上場企業以外はニュースにならないじゃないですか。IT系で1億円以上の買収案件って上場企業がらみだけで、年間10件くらいはありますから、そうすると、ニュースになってないものはたぶんその5倍くらいはあるだろうから、年間100件くらい。

そうすると、プログラマーって日本に10万人くらいいるとして、買収案件が100件だとすると、1000分の1。毎年1000分の1の確率で1億円ゲットできるわけです……ってかなり雑な計算をしたんですが、宝くじを買うよりはよっぽど高い確率で当たると思います。

1億円までいかなくても、かなり稼げるのは確かなわけです。

プログラマーは外国でも生きていける

プログラマーになれれば、外国に行って仕事をするときも結構楽です。プログラムのなかのコメントがその国の言語になるだけで、コンピューターの言語自体は同じですから。
そういうわけで、**世界基準の給料**になりやすい。

でも日本語しかできません、営業です、事務です、経理です、という場合だと、給料が低いなかでやり続けなければならないので、だんだんきつくなってくると思います。

日本は治安がすごくいいので、仕事しないんだったら、すごくいい国だと思いますよ。ご飯も安いし、おいしいし。ただ、給料は低い……。

3年くらい前にシンガポールに行ったときに、皿洗いを月給35万円くらいで募集していたんですよね。外国人を雇える枠が決まっていて、その飲食店はもう外国人枠がないので、シンガポール人に働いてほしいと。でもシンガポール人は皿洗いなんてしたくないので、それでどんどん給料が上がっていって、月給35万円になっていたんです。

日本にいるとわからないと思いますが、**日本人って基本的に優秀**なんです。日本にいる限り、優秀な人と戦わなくてはいけない。

でも他の国だと、優秀じゃないのに給与が高かったりするので、競争が楽です。

プログラマーは最強！

プログラミングを勉強するのが一番おいしいです。

ユーチューバーで1億円儲けるには？

ユーチューバーで1億円稼ぐのは、アプリのようなサービスを作るのに比べて、かなり確率が低くなると思います。1億円稼げている人って、多くて30人くらいじゃないでしょうか。

ユーチューバーの収入は簡単に計算できるんです。概要欄をクリックすると、そのチャンネルの合計再生回数が出るので、その合計再生回数の0.1倍とか0.2倍が、その人のトータルの収入になります。ざっくりですけど。広告単価ってだいたい1pv0.1円とか0.2円なので。

0.1円と0.2円の違いは、たとえばひとつの動画に広告を10個も20個もつける人もいれば、1個しかつけない人もいるとか、ユーザーが広告をクリックするタイプの人なのか、そうじゃない人なのかとか、いろいろな点からきています。

そうすると、5億pvまでいくと、1億円稼いでいる可能性が高い。5億pvって、100万回再生の動画が500本ですよ。すごく遠いですよね。30人いないかもしれません。

100万回再生が1本2本ある人は結構いると思うんですが、500本はかなり難しい。単純に再生回数だけではなくて、企業案件（企業から商品の宣伝を依頼されること）もあると思うので、500本も必要ないかもしれませんが、でも企業案件の話も、やっぱり100万回再生の動画を10本20本持ってないと、そういう話は来ないですよね。

そういうわけで、ユーチューバーで1億円を稼ぐのは結構きついと思いますよ。ヒカキンさんも成功するまでは7、8年はかかっていたと思います。それまでずーっと地道にやり続ける必要があります。

知名度の高い人がユーチューバーに転向するのは、そういう意味ではかなり有利ですよね。

恋人を作る確実な方法

ちなみに、ユーチューブで再生回数が伸びる動画って、子供にウケるものが多いんですよ。だから、子供を相手にしたコンテンツを作ると、再生回数は伸びます。

要するに、**質を上げるかマーケットを狙うか**なんです。

たとえば、彼女を作りたい人がどうすればいいかっていうと、自分がイケメンになるとか服装のセンスを上げるとかお金持ちになるっていう、自分の質を上げるという戦い方がある一方で、もうひとつ、**女の人が余っている場所**に行くという戦い方もあるんです。

たとえば、女性ばっかりがいる工場に働きに行くと、そこにいる女性たちのなかには「誰でもいいから付き合いたい」っていう人も何人かいるわけです。それで付き合えてしまう。なので、自分の質を上げる方向より、**マーケットに合わせるほうが、実はうまくいく**ことがあります。

女の人でも、ふつうの大学に行ったら別にモテないけど、理系の大学に行くと女性が希少なせいか、すぐに彼氏ができるみたいな、オタサーの姫みたいなことがありますよね。

そういうわけで、ユーチューバーで儲けたいんだったら、動画の「質を上げる」っていう戦い方よりも、**子供が見たくなるようなタイトルとサムネイルをいかにして作るか？** について考えたほうがいいと思います。

ユーチューブでチャンネル登録数を増やすコツ

ユーチューブで、コンビニの商品を紹介しているものって、ぜんぜん面白くないじゃないですか。でもあれを見ちゃう人はいっぱいいるんです。

自分の知っているコンビニの商品が、動画のタイトルとサムネイルであったら、なんだろう？　ってクリックするようなしょうもない人たちが、世の中にはめちゃくちゃいっぱいいるんです。僕はクリックしませんが。

そして、そういうのを見て「面白い」と思ってチャンネル登録しちゃう人もいるんです。

僕は相当面白くないとユーチューブでチャンネル登録しないので、僕みたいな人を相手にしちゃダメなんです。しょうもない人を相手にしたほうがうまくいくんですよ。

つまり、**お金を儲けるためには、まずマーケットを見つけて、そのマーケットに合わせたコンテンツを作ったほうがいいよ、**っていうことです。

たとえば絵を描くのが好きな人の場合、画家になって1億円を稼ぐのは相当ハードルが高いですよね。でも漫画家だったら年間1億円稼いでる人っていっぱいいます。漫画家で売れることも十分ハードルは高いですが、でも可能性としては画家よりははるかに高いわけです。

それだったら、絵描きじゃなくて漫画家を選ぶべきです。お金を儲けたかったら、ということですが。要はその人がやりたいことじゃなくて、**1億円稼げる可能性の高いマーケット**を選ぶべきだということです。

あなたの能力を活かすには？

ここで重要なのは、**トップになる必要はない、**ということです。

たとえば、和菓子職人になって銀座に店を出します、となったら、相当厳しい戦いを強いられるでしょう。おいしい和菓子屋さん、周りにたくさんありますから。

そうではなくて、たとえば和菓子屋がぜんぜんない場所に行くんです。能力や物の価値というのは相対的なものなので、自分が獲得した能力が埋もれない場所を見つけるんです。

トップになる、必要はない！

自分が獲得した能力が埋もれない場所を見つける。

1個300円のおにぎりは高いのか？

ジャパンエキスポという日本のコンテンツを集めたイベントが、パリで開催されたんですが、そこでは、おにぎりが2個で600円くらい（5ユーロ）で売られていました。日本のコンビニで、1個100円で売られているものが、3倍の値段で売られている。

これは日本から見ると高いんですが、でもおにぎりを買った人たちは満足しているわけです。だって、他には売っていないから。

フランスの人たちは、アニメなどでキャラクターが「おにぎりという食べ物」をおいしそうに食べているのを見ていて、「おにぎり」を一度食べてみたいと思っているんです。その願望に対して、5ユーロ（600円）はぜんぜん高くない。

ものすごくおいしいおにぎり、じゃなくてもいいわけです。ふつうにおいしければ十分お客さんは満足してくれる。

物の価値は相対的なので、競争相手がいなければいい。

そういうわけで、**他の人が持っていない能力を獲得したり、同じ能力を持っている人がいない場所に行けたりできるかどうか**――これが重要です。なんらかの技術を手に入れることと、そしてその技術が売れる場所に行くことで、人の生産性と収益は増えます。

資産がない人がお金を稼ぐ近道

資産がない人は、基本的には**自分に投資して、転職して、年収を上げる**、というのが、お金を稼ぐ一番の近道だと思います。そのためには教育が重要なので、自分自身のスキルが上がるようなことにお金を使ったほうがいいと思います。

貯金が300万円あったとして、その300万円を外国債に投資しました。年利5%だとしても、年間15万円しか増えない。しかも毎年5%増やすって結構大変なんですよ。失敗する可能性もありますから。でもなんらかのスキルを得て転職したら、年収で20万30万増えるってふつうですよね。

年収をあげる勉強はどう始めるか？

自分のスキルを上げるための勉強はどうやったらいいのか？

勉強という言い方をするとハードルが上がるんですが、要は、他の人が必要としている知識で自分が興味があるものをいかに伸ばすか、ということに尽きると思います。

皆さんが持っている知識を勉強しても仕方がない。たとえば僕がフランスで、「日本語を教える先生になります」って言うんだったら、仕事は手に入ると思うんです。日本語しゃべれる人が周りにそんなにいないから。

でも日本で「日本語教師やります」って言って、食べていけるかっていったら難しい。周りにいる人、ほとんど全員が日本語しゃべれますから。先ほどの和菓子屋さんやおにぎりの話と一緒で、自分の能力も、競争相手がいないところを選べばいいんです。

そういうわけで、**他の人が知りたいと思っているけど知らないもので、自分が興味があるものは何か？　誰が何をしているか？　自分が何が得意か？　というところで勉強するものを決める**といいと思います。

優れたコンテンツは、個人から生まれる

僕が、これからの日本に求めているものというのは——日本に住んでないせいもあるんですが——やっぱりアニメとかゲームといった面白いコンテンツです。
日本は世界のなかで、圧倒的に**コンテンツを作る能力**が優れている。

自動車とか家電はどうでもいいんです。そういう大企業がやることは、もちろん重要ではあるんですが、大企業のやる大量生産型の商品って今や利益率が低いんですよね。中国の製品と戦わないといけなかったりしますので。

「コンテンツを作る」というのは、基本的に個人がやることなんです。アニメだったら、宮崎駿さんだったり、新海誠さんだったり、一人のクリエイターの情熱が重要です。ニコニコ動画でも面白い動画を一人で作る人がいるわけです。ものすごく優秀な個人がいて、その人がものすごい情熱と時間をかけることで、優れたコンテンツができる。

そういう圧倒的なコンテンツというのは、経済活動から外れたところで生まれます。食べる心配をとりあえずせずに、個人が思う存分創作に打ち込めることが重要で、そういう環境を、ベーシックインカムは個人に与えられるのではないかなと思います。

個人でゲームを作る時代

そういうわけで僕は、ベーシックインカムがあったほうが、いいコンテンツも増えてくると思っています。

ゲームも今は、インディーズ・ソフトのマーケットがあって、世界中の個人が作ったゲームがSTEAMにのったり、プレイステーション4のマーケットにのったりとか、個人が作るものになっています。ユニティがあれば作れますよね。ソシャゲも個人が作っているものがいっぱいあります。

コンテンツ好きな僕としては、面白いコンテンツが増える社会であってほしいので、そういう意味でも、ベーシックインカムに賛成です。

お金のために働かない？

ファイナルファンタジーみたいに、企業に属して、チームじゃないと作れないゲームもありますよね。そこでもやっぱり重要なのは、個人の情熱です。スクエア・エニックスでFF14を作っているチームって、別に給料がいいから働いているわけではないと思います。ゲームを作りたいから、そこで働いている。給料目当てでFF14チームにいるんだったら、勤務時間的に、すぐに転職しているはずですよ。

そういう、**お金のために働いていない人たちが作るコンテンツは、世の中がどうなろうと残り続ける**でしょう。

必要なものにはお金を払いたい

世の中には**「欲しいものは買う人」**と**「必要なものだけ買う人」**がいて、僕は完全に後者です。必要なものであれば、金額はそれほど気にしません。なぜなら必要だから。

ゲームや本、映画などのコンテンツは、僕にとって必要なものなので、そこにはお金を使います。でも普段の生活では、ほとんどお金を使いません。今はフランスに住んでいますが、基本自炊しているので、毎日の出費はスーパーで食品を買うくらいです。

「欲しいもの」ではなく、「必要なもの」を買う。

金額はそれほど気にしません。

これから消滅する仕事

将来、コンビニの店員や牛丼屋の店員とか、工場のライン工とか、そういう仕事は確実に減っていくはずですが、僕は減ってもいいんじゃないかと思っています。労働人口も消費者も減るので、日本で労働集約型で薄利多売をやるのは長期的には難しいかと思います。

極端な話、たとえばユニクロの全店舗がなくなって、オンライン通販のみになりましたとなったら、店舗の家賃と店員のコストはまったくかけなくていいので、もっと安くなるはずですよね。試着できないから、サイズが合わない、となったら返品すればいいだけの話で、2、3回返品させてもぜんぜん儲かる仕組みになっています。アマゾンやゾゾタウンがすでにそうですよね。

ユニクロって、原宿や銀座に店舗があって、店員がいて、在庫管理をそれぞれやっているわけですが、あれを全部アマゾンみたいに一箇所でロボットとAIで行ったほうが、もちろん安くなる。**店舗があると、運営費用がかかるんです。**売れても売れなくても人件費がかかりますから。

現金はなくなっていく

世界的に、現金を使う機会は減ってきていて、どんどん**電子マネー**に置き換わっています。

僕が住んでいるパリも、パン屋以外で現金を使うことはまずないですから。だいたいクレジットカードですが、中国はほとんどQRコード決済ですよね。

日本もこれからそういう方向になっていくと思いますが、現金をなくして、クレジットカードや電子マネーだけになると、悪いことができなくなるんですよね。犯罪って基本的に、履歴が残らない現金でやりとりしないといけないですから。

そういうわけで、**現金をなくしたほうが犯罪がなくなる**からいいって話なんですけど、でも日本って、上の偉い人たちに悪いことしている人が多いので、なかなか現金をなくしたくないんだろうなって気がします。

たとえば政治家がパーティーをやって、政党助成金みたいなものを集めますが、あれって全部現金だからうやむやになるわけです。たまにバレて揉めてますけど、もしあれを電子マネーでやったら、悪事がバレてしまうので、日本の政治家はやりたがらないと思います。

政党や政治家に寄付するのに、個人の名前が10人分書いてあるけど、実は会社が出している、みたいなことがあるとしますよね。個人名を適当に書いて、お金自体は会社が政治家に渡すんですけど、電子マネーやクレジットカードだとそういうことができなくなります。払った人の個人名が必ず出てしまうので。

もし、社員が会社から「お前も払って」って言われて、それで会社がその社員に寄付分の10万円を振り込んだとしたら、その10万円に対して所得税が発生してしまうわけです。そうすると、かなり複雑なことになるし、コストもその分高くなるので、やれなくなってしまう。

でも今は現金というかたちでうまくごまかせるので、たとえば偽名を書いたとしても、追跡できなかったりするんですよね。書き間違えたとか、誰だかわかりませんって言ってしまえば、それで消えちゃうんですけど、クレジットカードだとそれが不可能になります。必ずトレースできてしまうので。

悪いことがしづらいので、僕は**現金のない社会のほうがいい**と思うんですけど、日本の偉い人たちはそれを望んでないんじゃないかなあ、と思います。

覚せい剤の売買とかは、現金がないと代金の受け渡しができないので、たぶん物々交換になって、すごくやりづらくなる。コンビニ強盗もできないし、お金持ちの家に入って現金を盗むこともできなくなります。社会はだいぶ良くなると思いますよ。

現金は消えていく。

現金がなくなれば悪いことができなくなります。

人生を無駄遣いするな

多少の不便を受け入れたほうが社会はうまく回る。僕がそう思うようになったのは、たぶん不便のなかで暮らすということをやってみたからだと思います。日曜日にスーパーやコンビニが一切開いてなかったとしても、人は暮らせるんです。だって昭和の時代はもともとなかったわけですからね。日曜日に働いたとしても、それは多少便利になるんだけど、その働く人たちの時間を犠牲にした上に成り立っているわけですよ。

そもそも、小売店で働いていること自体、時間を犠牲にしている可能性があります。

たとえば20代のときに店員をやって、30代40代のときも店員をやって、そして50代になりました。そのとき、その人の売り上げが増えるかどうかは、その人の能力とはほぼ関係ないですよね。そのお店の立地条件などで、そのお店にお客さんがどれくらい来るかが重要なわけで、本人の能力とは関係がない。

多少あるかもしれませんよ。すごい美人だから、この人からお釣りをもらいたいから、その人から買いたい、みたいな人もたまにはいるかもしれませんが、基本的にはその人の能力はほぼ関係ない。

ということは、その人は人生を無駄にしている可能性が高い。だってその人じゃなくてもいいんですから。ロボットでもいいし、誰でもいいんです。人間としてのその人が必要とされているわけじゃないし、スキルが上がるわけでもない。

学生が「ちょっとお小遣い稼ぎたいから」という理由でコンビニの店員をやるのはぜんぜんいいと思いますが、でも一生やる仕事ではないと僕は思っています。

もちろんそこにはやりがいもあると思いますよ。なので例外はいろいろあると思いますが、ただ小売業というのは、基本的に人生の無駄遣いになっている可能性が高い。

少しずつ、不便を、受け入れよう！

多少の不便を受け入れたほうが社会はうまく回ります。

10年働いてもレベルが上がらない仕事

「人生の無駄」と言うと反発する人も多いと思うんですが、10年ぐらい続けると気付くと思います。「自分の人生、10年無駄にしたなあ」って。

もちろん、幹部候補はいいと思います。たとえば現場のレジ打ちから始まって、いろいろ経験して、お店の仕組みを知って、どんどん出世していって、最終的にはお店を管理する仕事に上がっていく、みたいな人ならいいんです。

たとえば、ユニクロで店員やったあとに店長になって、本社に入って……といった具合に上がれるならいい。

でもコンビニだと、フランチャイズ店であれば、オーナーのおっちゃんがいるので、店員は出世しませんよね。10年働いても、やっぱりアルバイトのままです。これは、やっぱり人生の無駄遣いだと僕は思いますよ。

もちろん出世したくない人は、それでもいいんです。「ダラダラしながら、時給をもらえる仕事がしたい」っていう人もいますから、僕はそれを否定しません。

そういう人はそういう人生でいいと思うんですが、ただ世の中には、スキルを上げて収入を増やして、やれることを増やして、自分の余暇の時間も増やして、楽しい時間を過ごしたいなと思っている人が多いと思います。

そのチャンスを捨てたんですよ、という話です。10年は結構長い時間ですからね。

「やりがい搾取」にハマらないために

一方、自分が本当にやりたいことのために、勉強のつもりでやるアルバイトはいいと思います。

たとえばアニメーターとかは、時給換算すると300円でした、みたいな世界ですが、でもそこで数をこなすことで、だんだん絵がうまくなったりとか、スピードが上がったりとか、スキルが上がったりするんですよね。そういう仕事はまだマシだと思います。

もちろん、それが「やりがいの搾取」になっている場合は問題ですよ。あくまで、そのアルバイトを自分の能力を上げるための手段として、割り切ってやっているかどうかだと思います。

スキルが上がることで収入が増える、というタイプの仕事をめざすほうが面白いと思いますよ。

ですから、そういう状況を作り出すためにも、現実的に時給300円だとやっぱり生活は困窮していくわけですから、ベーシックインカムで生活そのものをある程度保証してあげることが重要です。アニメーターをやって絵がうまくなって、pixivでイラストを描くようになって、そのあと発注が来たりして、で、絵を描いているだけで暮らせる、みたいになっていくのが理想ですよね。

「その仕事」本当にがんばっていいの?

日本人は「仕事をがんばる」って言いますけど、僕はちょっと違うと思っています。

「仕事をがんばる」と言うときの仕事には、2つの種類があります。

たとえば、ここに彫刻家がいるとします。漫画家でもなんでもいいんですが、一生懸命作品を作っている人がいます。それが社会で評価されて、「いい彫刻家だね」って褒められる。すると、その彫刻の価値は上がっていきます。漫画だったら人気が出て多くの人に読まれるようになります。

作品自体の価値が上がっていくのと同時に、仕事をすればするほど、その人の価値も高まっていくわけです。そして作品の数も徐々に増えていきます。

農作物でも豚肉でも同じです。何々県の誰々さんが作ったものとして、自分の名前と一緒に評価されて、ファンがついて、その結果、自分にお金として返ってくる。そうすることによって、また次を作ることができる。仕事によって自分と「その作品」の価値が高まっていくから、一生懸命がんばる――というような「仕事をがんばる」という光景は、世界中にあります。

でも日本の場合は、そういう仕事ではなくて、歯車の仕事でも一生懸命がんばってしまうんです。いくら働いたとしても、その人の価値とあまり連動しないのに、それこそ過労死するまで働いてしまう。

たとえば電通で、死ぬほど働いて……1日18時間働きましたっていう人でも、社内では「この人がんばったよね」ってなるかもしれませんが、社会のなかではその人の名前も知られないし、その人の評価は上がらないわけです。

そういうところに関しては、日本の場合、歯車の人も、なぜか「働けば働くほど評価が上がる人」と同じルールで戦ってしまうので、それはどうなのかなって気がします。

そういうところに関しては、徹底的にサボるっていうのが、フランスやアメリカの考え方です。

単純作業は手を抜こう

その人が一生懸命がんばったとしても、その人の価値が上がっていかない仕事は世の中にはたくさんあります。もちろんそれらは重要な仕事ですよ。僕も単純作業自体は嫌いじゃないから割と楽しめるんですが、ただ単純作業をすごくがんばってやっても仕方がない。

たとえば1日18時間、単純作業でがんばったとしても、それは単にその時間分の給料がもらえるだけ。そこは無理をするところじゃない。サボれるなら、どんどんサボッていい。その人は3年後もその時給分の給料だけを手に入れるだけで、社会的な評価は一切変わらないわけですから。

時給でお金を稼ぐ、あるいは月給でお金を稼ぐ、というように、自分の時間をお金に換えるのは、ぜんぜんいいと思いますよ。

僕も大学生の頃、佐川急便のライン仕事をやっていました。ひたすらウルフルズの「ガッツだぜ!!」が流れているなかで、決められた番号があったら、こっちのラインに移す、っていう仕事をやっていたんですが、それはお金をもらえるからいいんですよ。

あの当時、時給900円ちょっとだったと思いますが、8時間やって、しかも深夜だったから25％上乗せになって、という時間の切り売りをする仕事としてライン工をやっていたわけですが、僕はそれで満足していたんです。なぜならお金が欲しかっただけだから。

でも春休みが終わったら辞めました。結局僕はお金が欲しくて、春休みで暇だからやっていたわけで、それを一生の仕事にする気はなかったので、短期でやってサクッと辞めたんです。

「お金が欲しい期間働きます、それで必要な額が貯まりました、暇な時間も終わりました、辞めます」っていうだけの話です。僕は自分の時間を売ります。会社は僕の時間を買います。お互いそれだけの関係だから、辞めたくなったらさっさと辞められる。

でも、一生の仕事にするのは、そうじゃない仕事のほうがいいと思います。

できるだけ、労働時間を、減らすよう、生活設計を。

好きなことをやってお金がもらえる人は、好きなだけ働けばいいんです。

自分の価値を高める仕事をしよう

漫画が好きなので漫画を描きます。最初はぜんぜんお金になりません。佐川急便で仕分けをやっていたほうがはるかに儲かります。でもそれを続けているうちにだんだん変化が起きてきます。一生懸命、1日8時間くらい漫画を描いて、ウェブで公開しているうちに徐々に評価されて、広告がクリックされるようになって、月にチャリンチャリンって少しずつお金が入るようになりました。それが、いつの間にか月に数万円になりました。ライン工の仕事と同じくらい稼げるようになりました。

重要なのはここからで、ライン工と違って、収入だけでなく、自分の評価も上がってくるんです。漫画を描いて作品が増えれば増えるほど、絵もうまくなるし、ストーリーもうまくなるし、見る人も増えて、収入が上がってくる。自分の価値を高めていく仕事なんです。つまり、**仕事をすればするほど、「資産（ブランド力）」が増していき、その資産がお金を生んでくれる**わけです。

2種類の仕事をごっちゃにしている人が、日本人には多いと思います。同じ仕事でも、この2つはぜんぜん違います。

だから、**自分の仕事がどっちの仕事なのか？**　今やっている仕事は自分の価値を高めてくれるのか？　スキルやノウハウがたまるのか？　続けていくことで社会で評価されるのか？　1年やったときにプラスアルファがあるのか？――ちょっと考えてみてください。

プラスアルファがない仕事を、めちゃくちゃ本気でやっている人もいるんです。でもそれって、その先に待っているのは、気がついたら年を取っていて、まあお金が少し残りましたっていう状態だけです。

できるだけ**自分の価値が上がっていくような仕事を見つけたほうがいい**んじゃないの？って話です。ちなみに、そういう仕事って、基本的にやっていて楽しいんですよ。嫌々やっている仕事だと、なかなか自分の価値は上がっていきません。

フリーランスの頭のいい始め方

今はフリーランスで働く人が増えていますが、たしかに、うまくいくと個人のほうが楽しいし、楽だと思います。会社員って、結局自分のペースで仕事ができないんですよ。

たとえば体調が悪かったら、自分で休めるし、眠くて捗《はかど》らないと思ったらパッと寝てしまえるんです。逆に、「これ面白い」って感じて熱中したかったら、何時間でもできたりするんです。

自分がやりたい仕事があるときに、12時間でもぶっ続けでできるし、休みたいときには3日も4日も休めるし、海外を旅行しながら、ネットに繋いでちょっとだけ仕事をするとか、そういうやり方もできるので、人生がかなり楽しくなると思います。

フリーランスになる人は、学校を出ていきなりフリーランスになる、というよりも、まずは会社に勤めて、そこを辞めてからフリーランスになる人がほとんどだと思います。

そういう場合、まずは働いていた会社から仕事をもらうといいと思います。

たとえばソーシャル・ゲームの会社で働いていました。で、「フリーランスになりたいので、同じ仕事するんですけど、個人事業主として仕事をくれませんか」って言えば、その人がそれなりに優秀だと、給料として払うのも、個人事業主として払うのも一緒なので、「いいよ」ってなるケースが多い。

それだと、最初からお互いの能力もわかっているし、どれくらいのパフォーマンスを出すかもわかっているので、失敗が少ない。

なので、IT系の会社に入ってから、「個人事業主になりたいです」って言うと、結構なれたりします。

日本が生きていくために必要なこと

あと、これは個人の話というか、日本という国全体の話でもあるんですが、これからの日本は、国内だけで経済を回すのではなくて、外国からいかにお金を取るか？　ということを考えていかなければなりません。そうしないと、日本はこれから没落していきます。

日本のような資源のない国が生きていく上で、石油は必要です。車を動かして、電車を動かして、電気も火力発電でやっているわけですから、石油によって産業は成り立っているわけです。日本はその石油を買うお金が毎年必要になるんですね。そのお金がないと、国が成り立たない。レアメタルとか食料とか、外国から買うものは石油だけじゃないですが、資源がないというのはそういうことです。

外国から物を買うお金は必要なんです。

日本はこれからどうやって稼ぐべきか？

たとえば、パソコンを作るとすると、もはや中国には勝てませんよね。「自動車を作ります」って言っても、これから電気自動車になって、複雑な内燃機関を作り出す技術とかはいらなくなるので、トヨタや日産でも優位な立場をキープするのはきつい。物作りをやっている限り、海外の人たちと戦っても、弱くなる一方なんです。

なぜなら日本は人件費が高いから。

日本人に「月5万円で働いて」って言っても、働いてくれませんが、中国の人だと、地域にもよりますが、月5万円で働いてくれる人がまだいます。

そうすると中国の工場に発注したほうが安い。そこで出来上がったものが、たとえばハサミだとして、ダイソーに売ってあって、日本製のハサミなのか、中国製のハサミなのか気にせずに、皆さん100円で買っていくわけです。そうしたら中国で作ったほうがいいですよね？

そのような、どこでも作れるもの——コモディティ化したものを作ることで、世界と勝負しても無理です。

まだ技術が要求される分野はたくさんあるので、その部分ではぜんぜん日本は強いわけですが、それらは逆に、誰でもできる仕事ではない可能性が高い。

一般の人が何かを工場で作って……という仕事では、人件費の安い国と同じレベルにならない限り、成立しないと思っているんです。

利益率の高い仕事にシフト！

そういうわけで、**物じゃなくてソフトを作る**方向に、シフトしていったほうがいいんじゃないでしょうか。

仕事って時代によって変わってくるんですよ。

たとえば江戸時代は、8割が農民だったんです。10％くらいが商人で、5％くらいが武士、残りがお坊さんとか、そんな感じで、国民のほとんどは農業に従事していました。

でもそこから明治、大正、昭和になって、工業の時代になっていって、農業人口がどんどん減っていきました。メインの産業は、時代によって変わっていきます。

今は日本で農業をやっている人は、10％もいないと思いますが、これから工業に従事している人もどんどん減っていって、**情報産業**——つまり**アプリ**を作ったり何か**ウェブサービス**を作る人たちが、より増えていくと思います。そうやって**利益率が高い仕事にシフトしていかない限り、日本全体を維持できなくなる**と思うんです。

物じゃなく、ソフトを作る。

メインの仕事は時代で変わります。

メロンを作って年収1億円！

食べ物も、先ほどのハサミの例と同様、質にこだわらなければ、今は世界中どこからでも買えます。人件費の安い国で大量生産したもののほうが安くて、場合によっては質も高かったりします。

でもそういうなかで、国産のすごくおいしい野菜だったり果物だったり、ブランドとして売れるものは、まだまだ大きな可能性があると思います。ひとつひとつにきちんとした価格がついて利益が出るので、メロンを作って年収1億円みたいな人もいるわけです。

作る人も儲かるし、食べる人も幸せになれるわけじゃないですか。

そういう農業は、僕はこれからも残り続けると思うんですが、誰でも作れる農作物を作ることで、豊かな生活を維持しようっていうのは、もうさすがに厳しいと思うんです。

「新海誠」を100人作ろう！

『君の名は。』が大ヒットしたアニメーション映画監督の新海誠さんの一番最初の作品に、『ほしのこえ』という作品があります。

2002年の作品ですが、17年も前に、ほとんど一人でこの作品を作ったわけです。

今のほうがよっぽどツールもパソコンの能力も上がっているわけなので、「新海誠」さんが100人くらい出てきてもおかしくないですよね。

そういう作家や作品が出てくる可能性があるわけです。

ゲームにしても、**iOS**のアプリだったり、**STEAM**とかで売っているゲームだったり、いろんなツールが出来ています。

昔だったらゲームを作る場合、1からコードを書かなきゃいけなかったわけですが、最近はミドルウェアもいっぱいないので、うまく組み合わせれば、一人でゲームも作れたりするわけです。

それが割と、きちんとした利益になったりする時代になったわけです。

日本がこれから**外貨を稼いで、毎年石油を買うためには、新海誠さんのような人を100人作るような、そんな仕組みを作るべきなんです。**

そういう環境を作れるかどうかが鍵だと思います。

「お金」を、稼ぐ才能は、仕組みから、生まれる！

新海誠さんのような人を100人作る、そんな仕組みを作るべきです。

オタクがお金を稼ぐ

今もすでにそうなっていますが、儲かっているアニメがある一方で、儲かっていないアニメもすごくいっぱいあります。これからは、その儲かっていないアニメの割合がどんどん増えていくと思います。

ゲームだったりアニメだったり、かつてオタクと言われた人たちが好きだったものが、現在ではだいぶ一般化されてきてますよね。パソコンもそうで、今ではふつうに皆さんパソコンに向かっていろんな作業をしているから、ディスプレイを見て笑っていても、ぜんぜん違和感ないと思いますけれども、昔はパソコンに向かって笑っているってこと自体が気持ち悪いって感覚があったんですよ。オタクコンテンツと言われるものに入り込んでいたわけです。

でも今の時代って、**お金を稼いでる人のオタク率ってめちゃくちゃ高い**ですよね。

「オタク」って、ざっくりとした言い方ですけれども、部屋にこもって時間をかける趣味を持っている人たちのことですが、その人たちはそうやって、こもって時間をかけて楽しめる世界観が好きだったりします。

アニメも、基本的には、現実じゃない世界を描いていますよね。エルフとかドワーフとかが出てきて、ロボットや奇怪な生き物がしゃべったりとか、非現実的なものが多い。

オタクな人たちが好きな、そういう非現実なアニメの世界って、かつては一般の人にはあまり受け入れてもらえなかったんですが、でも今は、お金持ちのなかにオタクがかなり入り込んでいるので、そういうアニメにお金がたくさん使われていて、**「オタクコンテンツ超儲かる」**ってなっているんですよね。エンジニアとか給与の高い仕事にオタク層が多いわけですが、可処分所得が多いので、オタクコンテンツにお金を落とすんですね。アイドルとかゲームとかアニメとか漫画とかに。なのでオタクコンテンツが多く作られるようになります。一方、昭和の時代に社交的な人が買ってたような、タウン誌とかファッション誌とかは、どんどん廃刊になってますよね。

その結果「クールジャパン」みたいな話になって、**オタクコンテンツにどんどんお金が流れる**ようになって、アニメに投資する会社もどんどん増えてきています。そのお陰で、たくさんのアニメが作られているんですが、でも人が見られる数って、1クールでそんなに多くない。

「今期だったらこれ」って決めると、それ以外は見なくなってしまう。人が持っている時間は限られていますから。

そういうわけで、ごく一部の作品に人気が出て、その他のアニメは死滅っていうかたちになってしまう。これからは、死ぬアニメの量がもっと増えていく気がします。

そういう意味でも、**日本国内だけのマーケットではなくて、海外を相手にしたほうがいい**と思います。

海外でお金を稼ぐ方法

僕も4chanという海外のサイトをやっていますが、海外でお金を稼ぐって、すごく大変なように見えるんですが、実はそんなに大変な話でもなくて、やってみると結構容易にできたりします。

そういうわけで、ネット上で何かのコンテンツを作ると、勝手に海外の人が見つけてくれて、勝手に流行るっていう、すごくおいしい構造があるわけです。それがあるうちに、**日本人はさっさとそのマーケットを取っちゃったほうがいい**と思います。

世界基準のサービスが、なぜ日本から出てこないのか

日本のITがなぜ遅れているのかというと、おそらく日本語のマーケットというのが、世界中から狙われていないせいで、これまで割と日本独自なものを作っ

ちゃっていたからだと思います。そのために、日本から外に出られなくなった。

海外だと、優れたソフトが出ると、それを他の国も使い始めるわけです。たとえば営業推進のソフトだとセールスフォースというのがアメリカにあって、世界中で使われています。会計管理だとサップと言われるドイツのシステムが世界中で使われていたり、そうやって、どこかの優秀な会社が作ったものが世界中で使われるんですが、日本の場合、日本語を使える人たちに向けてものを作っちゃうので、それ以外の文化や言語の人になかなか響かない。結局日本のマーケットのなかだけで完結してしまう。

そのせいで、海外に行って大きく儲ける、みたいなことがあまりできない。それをしなくても日本国内を相手にしているだけで、それなりに裕福に食べていけちゃってたので、がんばる必要がなかったんですよね。

でも、たとえば韓国だったら、人口が５０００万人くらいで、日本の半分くらいしかいないので、国内だけでまかなうっていうのがなかなか難しい。だからたとえば、日本でLINEという子会社を作って、アプリを作って、アメリカで上場して利益を上げたりとか、あとサムスンという会社も、世界中にアンドロイドの携帯を売ったりとか、韓国国内だけのマーケットだと狭いので、そうやって世界中に向けて物を売らざるを得ない。そうしないとやっていけないので、がんばらざるを得ないんです。

日本のITも、これからは、世界中の人が使いたくなるような、突出したサービスを作っていかないと、厳しくなってくると思います。

ウェブサービスはとにかくたくさん作る!

お金を儲けるために、何かウェブサービスを開発するとして、何を作ればいいのか?

これはもう、**いっぱい作るしかない**です。何が当たるかわかって作って、そのとおりに当たりました、みたいな人って、ほぼいないです。たまにいますけど。

いろんなものを作って、結果として、「これが当たった」っていうタイプの人が多いです。

何が当たるか考える暇があったら、とにかく作っては捨て、作っては捨てってやってるほうが、当たる確率は高いです。野球も、打席にいっぱい立てば、ホームランを打つ可能性は増えますから。

「これ誰が使うんだよ？」みたいなもののほうが、話題になって使われやすいんです。逆に、どこかで見たような何かって、人は話題にしません。「こんなにくだらない、しょうもないものがあるんだ」みたいなほうが、SNSで話題になって、それなりにヒットします。

ユーチューバー時代の稼ぎ方

今、ユーチューバーという仕事が日本でもすごく盛り上がっていますよね。

しゃべっているだけの動画を撮っているユーチューバーは世界中にいて、ゲーム実況とかして儲けている人がいっぱいいいるんです。

ユーチューブって、**自動翻訳**がつきますよね。アニメを作って、日本語の声優さんをあてているんですが、実際にそれが翻訳されて、英語圏の人がその翻訳で見るようになったら、再生回数が上がって、広告が入ってお金が入る、そういう構造ですよね。

これも、いっぱい作れば、その何割かは外貨を稼いでくれるはずです。

ユーチューブは、外貨を稼ぐ。

英語圏の人が見るようになったら再生回数が上がる。

日本伝統は「お宝」だらけ

あと、お金を稼ぐ可能性があるのは、**伝統芸能**系でしょうか。こけしとかお茶の茶筅《ちゃせん》とか、手工芸で、めちゃめちゃ器用な人が作る妙なものって、海外でよく売れたりするんです。

四国の葉っぱを集めて売るおばあちゃんの話、知ってますか。

会席料理用に、イチョウの葉だったりとか、もみじとか、かえでとか、きれいな葉っぱを高級料理屋に卸すっていう仕事があるんですが、それは単におばあちゃんが山に行って、きれいな葉っぱを拾ってきて、郵送しているだけなんです。

それって、海外でも同じことができますよね。

海外にも、日本の会席料理屋さんがあって、きれいな赤いもみじがのっているだけで、高いお金を払うお金持ちはたくさんいるわけです。1枚500円でも買ってくれるわけです。

日本と海外の違いって、**送料だけ**です。やっていることは一切変わらない。そういう仕事が日本で成立している以上、海外でも成立します。四国のおばあちゃんは、注文をネットで受けているわけですが、そのサイトの英語版を作ればいいだけです。

そういう仕事を始めるほうが、僕は面白いと思っています。

日本は「お宝」だらけ。

きれいな葉っぱを集めて売る四国のおばあちゃんの話、知っていますか。

英語で話すコツ

日本人は、英語に関して、十分しゃべれるレベルの知識があるんです。受験で2、3000語ぐらい覚えますし、基本的な文法も知っています。

あとは、それをどう出すかってだけなんですよ。使う機会があれば、あとは恥ずかしがらないで使うだけで上達していきます。

僕がお勧めする学習法は、**お酒を飲みながら英語を話すことです。**新宿のゴールデン街とか、海外の旅行客とカウンターで隣り合わせになるようなところがお勧めです。

僕も大学で、「あ、ふつうに英語しゃべれてるじゃん」って気づいたときはお酒を飲んでるときでした。

最初は、頭の中で日本語を英語に変換するんです。「これって英語でなんて言うんだろう?」って変換して、英語でしゃべってるんですけど、お酒を飲んでいると、そのうち変換せずに、無意識にそのまま英語で返せるようになります。

会話って結構定型文なんですよね。だから、「これを言われたら、これを返す」みたいに、英語で言われたことを無意識に英語で返す、みたいなことがだんだん増えてきて、気がついたら英語だけで会話をしている、という状況になったりします。

周りに日本人がいると、「どう思われるんだろう?」みたいに、日本人の目が気になってしまうので、日本人がいないところに行ったほうがいいですよ。僕も、日本人がいるところで英語をしゃべるのはあまり好きではなかったりします。

これから日本と世界はどうなるか?

いろいろお話ししてきましたが、いずれにしても、これからは世界と関わるなかで、日本は**独自のポジション**を取る必要があると思います。

だんだんAIやロボットが社会に入り込んで、人間の労働を替わってくれて、生産性が上がって、その分人間は楽できる——という未来予想がありますが、僕はそうはならないんじゃないかと思っています。

ＡＩがものすごい生産性を発揮して、利益を生むようになったとしても、その利益はたぶん独占されるでしょう。で、独占する会社は日本からは出てこないと思うので、逆に日本はその会社にお金を払い続けて、搾取され続けるっていう国になるはずです。ですから日本は、どんどんきつくなっていくんじゃないかなと思います。

独占するのはアメリカか中国でしょう。

人間がどう判断するかって膨大なデータがあればあるほど、ＡＩは精度が高くなるわけですから、中国みたいに人口も多くて、個人情報がどうとか言わなくて、法律も自由に変えられる――そんな国にはどうやっても勝てません。

アメリカか中国のどちらかが勝ったとして、日本が独自に何か得意なところがあるかといえばほぼないので、まあ、厳しいんじゃないでしょうか。

でも日本は島国だったり、いろいろと特殊な条件が満たされているので、その特殊性を最大限利用して、**ベーシックインカムのような制度**を導入する方向で生産性を上げていくほうが、まだ生存確率が上がるんじゃないでしょうか。中国やアメリカのような大陸では、ベーシックインカムは成立しないので、そういう意味でも独自路線を進んでいったらいいと思います。

あとがき　やっぱりお金の不安を解消するには……

こんにちは。あとがきだけは自分で書いているということが知られつつある「ひろゆき」です。

お金がなんたらってタイトルの本多いですよね。この本も含めて……。「水」とか「空気」とかタイトルに入ってる本はそこまで多くないです。最低限の衣食住を満たすこともできないという人はこの本を買う余裕もないと思うので、衣食住を満たして、さらに買いたいものがある人だったり、老後のためにお金が欲しいと考える人が、この本を手に取ってるのかなぁ……と想像していたりします。

さて、老後に1億円あると安心な人は、40年間、250万円ずつ貯めると到達できたりします。

んで、生活に年間400万円使ってるとします。

そういう人が1億円で暮らすと、25年でなくなります。

20代から60代までで1億円貯めたとしても、400万円ずつ使っていたら平均寿命の80代で貯金が底をつきそうになる、という不安を感じながら余生を過ごすことになります。

40年後は年金もそこまで期待できそうにないですしね。

倍の2億円を貯めようと思ったら、1年で500万円貯めなきゃいけないので、なかなかハードル高いですよね。

年収1000万円の人の手取りが約760万円だそうです。年間に260万円を使う生活をすると、500万円の貯金ができます。

つまり、老後にお金の不安を感じずに暮らしたいってのは、ふつうの人の願望としてはわかりますが、よほどのお金持ちしか到達できないラインだったりします。

ということで、お金が心配な人は、お金を使わないで生活する知恵を身につけたほうが、将来楽しく暮らせる可能性が高かったりします。

年間２００万円で暮らせれば、１億円で50年生きられるので、ギネス並みの長寿になるまで不安のない生活ができるわけです。

『お金の話』というタイトルの本で言うのもなんですが、「お金が必要ない生き方」をうまく手に入れないと安心感は得られないので、必要なのはお金じゃなくて考え方だったりします。

日本は平均年収が４００万円ぐらいだそうです。ってことで、２億円貯められる人はかなり少数なので、年収４００万円で２００万円貯金するという生活のほうが現実的だったりします。

1万円の昇給を勝ち取るよりも、1万円使わないことのほうが簡単ですしね。

ということで、週末に1円も使わないで楽しめる趣味とかを見つけられたほうが、お金を稼ぐよりも価値があるということになるんですけど、なかなか理解してもらえないことが多いのですが、皆さんはどうですか？

これからを生きるための無敵の

お金の話

2019年3月15日　初版第1刷発行

著者　ひろゆき（西村博之）
発行者　笹田大治
発行所　株式会社興陽館
〒113-0024 東京都文京区西片1-17-8 KSビル
TEL 03-5840-7820　FAX 03-5840-7954
URL http://www.koyokan.co.jp

ブックデザイン　鈴木成一デザイン室
帯写真　根田拓也
構成　高良和秀（明幸堂）
校正　新名哲明
編集補助　島袋多香子＋白石順人
編集・編集人　本田道生
印刷　KOYOKAN,INC.
DTP　有限会社天龍社
製本　ナショナル製本協同組合

ISBN978-4-87723-237-5 C0095
乱丁・落丁のものはお取替えいたします。
定価はカバーに表示しています。